生命，因閱讀而大好

懂了以後更輕鬆的心理學

金惠英 김혜영
李洙蘭 이수란 著
張召儀 譯

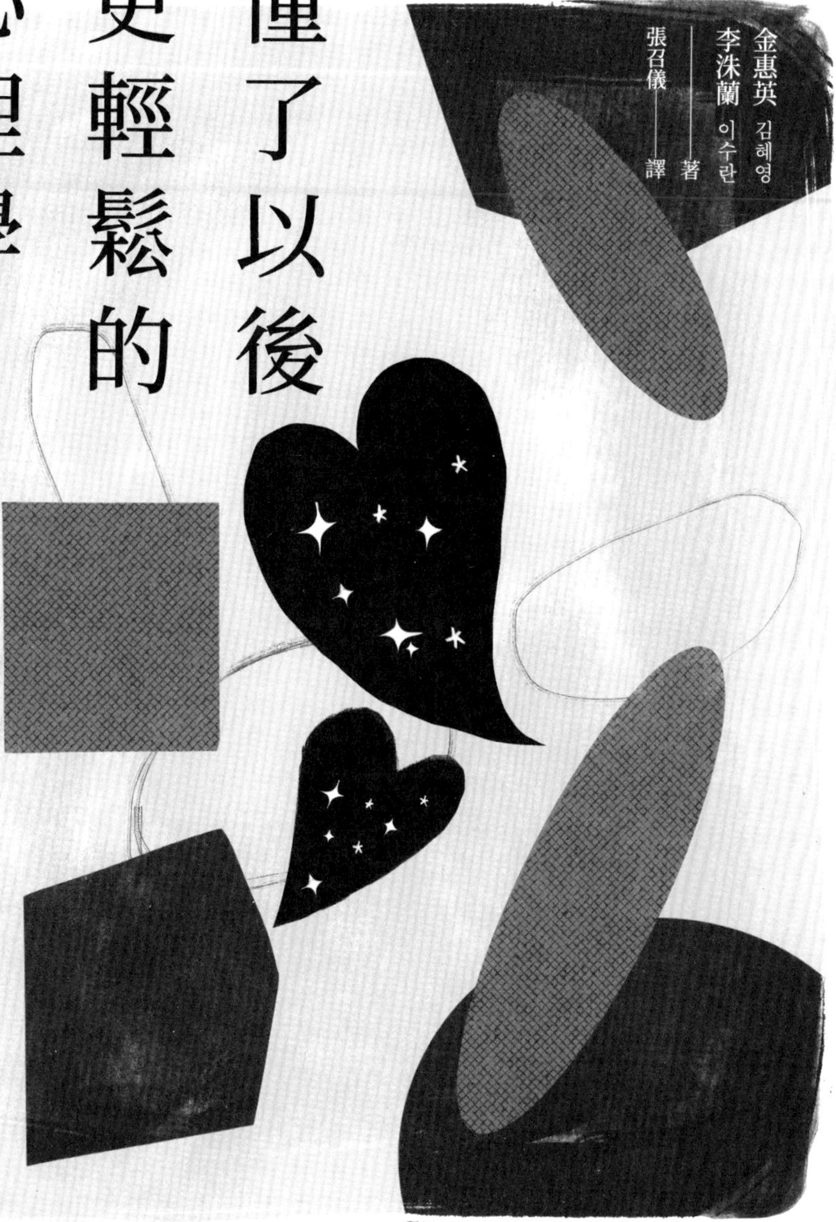

모든 마음에는 이유가 있다

心理諮商專家精選最有感15個議題，
克服拖延症、完美主義、自卑、過度擔憂的日常練習

Prologue

懂心理學之後，為什麼會變得比較輕鬆？

筆者在研讀心理學、累積知識與專業技能的過程中，曾經有過只因為懂了某個心理學理論，心情就變得更加輕鬆的經驗。「啊，原來人心本就如此，不是只有我會這樣！」光是領悟到這點，就足以讓心情安定下來。此外，心理學在人們面對困境時，有助於探索內心，思考並尋找活出自我的方法。

在心理諮商室或學校遇到的來談者和學生，情況也與我們大同小異，只是在程度上有所差別而已。對於那些人類普遍且與生俱來的特性，很多人都會苦惱是不是自己的問題。因此，只要善加解釋那些都是我們會自然產生的心理現象，就能讓他們倍感安心、獲得慰藉。

當然，不是只要「理解」就可以促成改變，還需要進一步覺察自身情感，鼓起勇氣踏出嘗試的腳步。不過，有一點相當明確，那就是「知識」足以成為變化的起點。

為了向大眾傳達實用的心理學，我們開始編製Podcast節目《心理學，懂了就釋懷了》。如節目名稱所示，在廣播內容裡，筆者分享了許多能讓心境變得輕鬆的心理學。透過被認可的實驗與理論，讓人們在感受學習樂趣的同時，也能把這些知識運用於日常生活，進而變得自由和舒心——這就是我們企劃節目的初衷。後來，不少人反應節目充分呈現出製作人的心意，藉此獲益良多，也有許多人表示透過節目獲得了心靈上的安慰。而這些，都讓筆者再次體認到：現今是一個渴求「療癒」的時代。

《心理學，懂了就釋懷了》為什麼能讓聽眾獲得慰藉？我試著思索其中的緣由。有時候，「你是個很好的人」或「你的存在本身就很珍貴」等簡單的一句話，就足以成為極大的力量，而這也是人們在心理諮商時能獲得安慰的原因。接受心理諮商時，我們會完整展現自己原本的面貌和狀態，在沒有任何批判與評價的環境中被接納。不過，這並不代表所有失當的行為或扭曲的想法都會受到認可或支持，而是在自我的世界被理解、存在的本身受尊重的經驗當中，感受到深度慰藉，並在過程裡燃起不自暴自棄、穩健挺立的勇氣。

《心理學，懂了就釋懷了》雖然不是心理諮商，但至少提供了一定的基礎，讓聽眾們得以透過節目，正確理解自我的心理狀態，並擁有完整接納自己的力量。「我究竟是怎麼了？」釐清內心混亂不安的根源，發現原來不是自己有問題才經歷這樣的過程，且完全能用健康的方式進行改善時，有許多聽眾都會感到放鬆，並從這些案例中獲得安慰。

懂心理學，確實會讓人變得舒心，不僅能分析某些情緒或行為的理由，還會發現遭遇類似困境的人不是只有自己，有助於拓展對自我與他人的理解。不過，若問到學習心理學後，生活是否產生了改變？許多人都會顯得猶豫不決。心理學的確讓人有撥雲見日之感，但我們卻還是擁有類似的煩惱，後悔之事也總是和先前大同小異。這些情形，都是因為缺少實際的「行動」。「理解」與「行動」是不同的，唯有在付諸實踐後，才能體驗到真正的變化。

透過行動親身體驗生活的變化——這本書就是抱著這樣的期待所寫。想活得自由、充實且符合自我，不一定要全盤翻轉人生，只需要一些微小且簡單的行動，這就是筆者想和各位讀者分享的內容。平時未曾接觸過的事物，在起步時總是既陌生又困難，而且在意氣風發的挑戰之後，也很可能得不到自己期待的成果。不過，我們想說的是：這所有的過程，都會在生活的某個角落留下深刻的印記。

就這層意義而言，筆者在撰寫內容時，衷心期許它能有別於其他心理勵志書。「只要照著書裡的步驟進行，就會變得幸福、邁向成功！」類似的承諾我們給不起，只希望你問問看自己：原本的我是什麼模樣呢？現在的我活得像不像自己？假如無法活出自我的話，又是什麼原因造成的？此外，如果你現在正渴求著什麼，筆者希望能立刻為你注滿挑戰的力量。

二〇二〇年襲捲全球的傳染病新冠肺炎，讓人們度過了一段前所未有的煎熬時期。對新型傳染病的不安與恐懼，以及不曉得何時會見到曙光的困境，將人拋向了巨大的不確定性。即便迎來了新的一年，我們的生活依然未能擺脫新冠肺炎的影響。不過，筆者還是想為各位鼓鼓掌，畢竟我們都努力堅持了下來。

新冠肺炎的蔓延，雖然突顯出人類面對大自然與未知時束手無策的侷限性，但同時也彰顯出人類勇於適應、堅持與團結的力量。

新冠肺炎總有一天會終結，但是，這樣的經驗卻會讓我們留下一段時間的創傷，甚至進一步導致生活方式全盤改變。愈是處於這樣的時代，就愈要認清自己動搖的部分，掌握好重心。

為此，我們必須接受生活原本就帶有不確定性，並分辨出自己可以掌控的範圍。接著，把精力集中在可控的事情上，解決面臨的問題；無法掌控的部分便放寬心接納，培養足以忍耐的心理韌性。這一連串過程至關重要，需要的是對自身的信任和尊重、對他人的理解和關懷，以及自我或彼此所給予的慰藉與生活中的小確幸。而本書的整體架構，就是來自於對這些過程有所助益的內容。

在《心理學，懂了就釋懷了》節目進行時，所有聽眾的反應都讓我們充滿愉悅和感謝，其中更有些後記令人倍感欣慰與振奮——那就是聽了節目後鼓起勇氣改變，並獲得良好經驗的聽眾們的回饋。希望閱讀這本書的讀者們，也能體會到「懂了就釋懷了」的生活，且進一步打破侷限，自由自在地活出自我。

撰寫這篇文章時，又讓我們想起了第一次錄製《心理學，懂了就釋懷了》的時候。身為心理學家，帶著想幫助他人的微小心願，一路將節目維持了四年。能有這樣的成果，除了我們的製作初衷之外，更重要的是聽眾們的力量。藉此機會，想對給予我們無限支持與鼓勵的聽眾們表達謝意。最後，衷心感謝在本書出版過程裡，不斷為我們搖旗吶喊、安慰我們「寫得很好」的節目忠實聽眾南恩京編輯。因為有他，才讓我們順利跨越每個瀕臨放棄的瞬間。

Contents

Contents

Chapter 3 學習正確表達欲望的方法

Chapter 4
用小小的行動，為自己找回今日的快樂

Contents

Chapter 1

把「必須做到」替換成「這麼做也可以」、「能夠做得到」

拖延症、選擇障礙、情緒調節困難、自我認同危機……你也受困於思考、行為模式，或在自我定位上迷惘不已嗎？人生，就是探索未知的自己，和自己變得親近的旅程。請拋棄「非做不可」的想法，放下過多的擔憂與不安，徹底理解自身的情感，完整接納吧！

01 今天就想立刻著手進行，卻總是拖拖拉拉

很多人會表示「明明知道自己要做的事」，或者「雖然制定了非達成不可的目標」，甚至「親手寫在日誌上」，卻依然難以付諸實行。萬能博士也是如此，為了準備授課資料而坐在電腦前時，光瀏覽網路新聞就浪費三十分鐘，「啊，要趕快集中精神」，但一個小時過後，又想著：「午餐時間到了，先停下來吃飯吧！」定要拖到火燒眉毛時才會匆忙開始。

漫心的情況也大同小異。雖然決定了回家後要立刻清洗堆積的衣物、打掃一下，但不知不覺又開始躺著滑網頁。「唉呀，明天再洗就好，反正衣服也不會臭掉！」**到了明天，就好像什麼都可以順利推進。反正今天已經過了，就從明天開始吧！每次都這樣下定決心，但隔天又會重蹈覆轍。**

是我太懶惰？還是意志力薄弱？

究竟為何會如此？這麼一天拖過一天，會不會就此半途而廢？我這個人，是不是既懶惰又缺乏意志力呢？

「拖延症」（procrastination）這個概念，是有類似上述煩惱的人必須留意的。在心理學上，將故意拖延時間或推遲工作的現象，稱為「拖延症」或「延宕行為」。不是因為時間還有餘裕，而是「非必要性」地持續拖延，以致於招來不良結果，卻仍無法脫離類似的行為模式時，就可以稱之為「拖延症」。

二〇一九年發表的某篇論文，介紹了一般拖延症的標準，一共只有九道簡短的題目，不妨在P.18試著自我檢核。透過表中的提問，也可以得知拖延症患者的主要特徵。覺得題目很多嗎？那麼此刻的你很可能也在拖延！但願你不要推遲閱讀這個章節的時間。

對習慣拖延工作的人來說，有一場相當知名的TED演講——《拖延症患者的內心世界》（*Inside the mind of a master procrastinator*）。提姆．厄本（Tim Urban）雖然不是心理學家，但他在這場演講中，比任何人都更直觀且有趣地解釋了因循怠惰的理由。他形容，在慣性拖延者的大腦裡，同時存在著理性決策者與追求及時行樂的猴子，因此，他們的行為並非總是缺乏理性，只是追求及時行樂的猴子大多時候會在拉鋸戰中勝出。

☀ 拖延症簡易量表

- □當某項工作的交期近在眼前時，經常把時間浪費在其他事情上。
- □不斷把「明天再做」掛在嘴上。
- □截止日期迫在眉睫，所以總是需要加快速度把工作完成。
- □經常在事情還沒進行之前，就先將其推遲。
- □通常無法完成每天計畫的工作。
- □經常未完成必要的工作，一到傍晚就選擇休息。
- □明明是靜靜坐下來就可以完成的工作，卻很少能在幾天內結束。
- □經常發現自己目前在做的事，應該是幾天前就要完成的工作。
- □總是等到生活必需品全部用盡，才急急忙忙地購入。

當我們被追求及時行樂的猴子掌控時，就會更樂於花時間在自己想做或有趣的事情上，而非必要的待辦事項——這就是拖延症的開端。不過，幸好我們還有名為「恐慌怪獸」的最後防線，所以會在任務交期迫近時趕快開始動作——「完蛋了！不能再這樣下去了！」唯有焦慮感襲捲而來，才會快馬加鞭地趕工。但無論如何，由於最後都得以順利交差，所以相同的模式便不斷反覆。

提姆．厄本的解釋與心理學觀點一致，追求即時性的滿足是人類的本能，亦是相當自然的現象。自古以來，人們有食物就吃、能睡時就睡，這種做法確實有利於生存。這樣的本能，至今仍存留在我們體內，導致我們會選擇當下較為享受和輕鬆的事物。因此，**沒必要因為一點點拖延的習慣就過度自責，這本來就是人類的本能。**

拖延症也分為幾種類型

雖然「體內恣意橫行的猴子」生動地呈現出拖延症的起因，但這樣的解釋還不夠全面。心理學專家琳達·薩帕丁（Linda Sapadin）以豐富的臨床經驗為基礎，將習慣拖延的人分為六種類型，藉此了解自己做事拖拖拉拉的真正原因。

①完美主義者（perfectionist）

造成拖延症的第一個理由，是凡事追求滿分的「完美主義」傾向。想把事情做到盡善盡美的心態雖然沒有錯，但一味追求過高的標準、不切實際的完美主義，就會成為問題的根源。執著於做到百分之百，光是事前的準備與計畫擬定，就足以讓自己疲憊不堪。尤其是完美主義者如果覺得自己做不到一百分，就根本不會著手進行——也就是說，與其面對失敗，不如選擇不要開始。很多時候，完美主義者會因為太想把事情做好，所以比任何人更加努力，最後卻無法如期完成。

②夢想家（dreamer）

盲目相信「船到橋頭自然直」，而不制定任何現實性的計畫。乍看之下，雖然像是積極肯定自我的樂觀主義者，但其實一切都沒有客觀的根據或計畫，純粹只是想像而已。陷入不切實際樂觀裡的人，經常發下豪語：「很快就可以做完」、「那沒什麼難的」，但他們從未仔細計算過需要的時間和努力。夢想家類型的人，時常會提出各種優秀的點子和遠大的目標，對細節卻毫不關心。總是做著大夢，因為實際執行起來很困難，所以進度也總是停留在夢裡。

③杞人憂天者（worrier）

憂慮和不安情緒高漲的人，做事也會拖拖拉拉。這類型的人，因為不斷問自己：「如果發生某種狀況怎麼辦？」而無法在工作上集中精神。他們花費太多時間在「擔心」，但焦慮並不能讓事情順利進行。

④享受臨陣磨槍的刺激感者（crisis-maker）

有些人享受在懸崖邊倖存的感覺，這種類型恰好與杞人憂天者相反。他們喜歡交期臨近時的急切感，認為壓迫感愈大，自己就愈能做得出色。雖然可以提前完成工作，但他們總是要拖到最後一刻才熬夜趕工。或許年輕時覺得無所謂，但隨著年紀增長，這種工作模式會開始難以維持，出現負面的情況也會愈來愈多。

⑤叛逆者（defier）

抱持「為什麼我非做不可」的心態過生活，通常不喜歡遵守規定，討厭被控制。當必須完成某項任務，尤其不完全是自己的分內工作時，就會公然進行反抗。有時雖然嘴上說「我來負責」，但會拖到最後一刻都不動工，藉此進行被動式的反抗。

⑥過勞者（overdoer）

因為不擅長拒絕，或很難決定優先順序，以致於承擔太多工作的人，最終也會陷入拖延窘境。尤其是無法婉拒他人要求，讓自己總是忙得暈頭轉向，結果經常忘東忘西。這類型的人雖然自認懶惰，但實際上與懶惰二字相去甚遠。

習慣性拖延的解方，其實就在自己身上

連自告奮勇或躍躍欲試的工作也不斷拖延的話，在面對不是自己真心追求的目標時，拖延的症狀就只會變得極大化。根據謝爾登（Sheldon）和艾略特

（Elliot）提出的自我協調（self-concordance）理論：目標愈是與個人的需求和價值一致，就愈會對其付出努力，不僅達成目標的機率較高，隨之而來的心理滿足感亦更多。反之，**假如追求的不是自己真正想要的目標，而是他人覺得光鮮亮麗的事物、基於罪惡感與羞恥心所設立的目標，或是自己很難從中找到意義的事情時，就有很高的機率會拖延或半途而廢。**或許正是這個原因，導致我們總是勤奮地參與自己感興趣的領域，面對公司交代的工作卻拖拖拉拉。

美珍夢想成為作家，卻沒辦法坐下來專心寫文章，找不到靈感、缺乏寫作的氛圍、忙於其他事等等，她以各種理由不斷拖延。雖然下定決心每一、二天至少要寫一行，卻很難堅持下去。

這種時候，就必須問問自己：成為作家是不是內心真正的渴望？美珍的作家夢看似理所當然——畢業於知名大學文藝創作系，好像理應走上寫作一途；同期畢業的同學們皆發表了作品、登上文壇，她有時會覺得「難道只有我做不到嗎？」，被嫉妒、羨慕及不該辜負他人期待的想法等淹沒。然而，這些並不是美珍真心渴望的事物，由於眼前道路只是通往虛假的目標，她自然也就對此提不起興趣。

懂了以後更輕鬆的心理學

抛棄「非做到不可」的想法，一步步腳踏實地

即使釐清了拖延的理由和類型，也不會就此成為遵守計畫的人，必須反省自己的行為模式，並進一步審視內心，嘗試做出改變才行。該怎麼樣才能停止三天打魚、兩天曬網的習慣，把自己的分內之事做好呢？

只要觀察並記錄自己的行為，就有望改善拖延症狀

改變的第一步，是確認自己做事是否真的拖沓懶散，在什麼時候、以何種方式、拖延了多久等。有些人對自我的標準較高，就算按時完成任務，仍會覺得自己有延遲的現象。**請試著將一天按時段區分，記錄一下自己做了些什麼吧！**

已經開始覺得心煩了吧？是否認為「有時間寫記錄，不如直接去工作」呢？如果很難把一整天詳細地記錄下來，那麼就集中在自己「打算做點什麼」的時段，看看這段時間是如何度過的。只要反覆觀察，就會發現自己的拖延模式。

這個方法雖然看似簡單，實際上卻效果顯著。據東卡羅萊納大學（East Carolina University）羅伯特．卡雷斯（Robert Carels）教授團隊的研究，固定寫減重或運動日誌的人，會比沒有記錄的人減下較多的體重，運動量也更高，這就是所謂的「自我監控」（self-monitoring）效果。**只要觀察自己吃進多少食物、在運動方面投入多少時間，以及今天的體重是幾公斤，就能選擇正確的方向並持續下去**。以久坐的人為對象，讓他們對工作坐姿進行自我監控，不管頻率是高是低，他們保持正確姿勢的時間，都會比未進行自我監控的人要長得多。無論處於何種型態，自我觀察與審視的過程，都會提升自己達成目標的機率。

「效果我大致理解了，不過還是有點麻煩。真的那麼有效的話，我就從明天開始試試看！」你也有這種想法嗎？當「明天」二字浮現時，就已經是拖延的開端了。不妨現在立刻著手進行！

停止拖延的魔法咒語：「總之先開始吧！」

當你不斷拖延某件事時，通常會對自己說什麼呢？是不是任由身體埋進沙發裡，然後一邊轉著電視頻道，一邊叨念著「該去運動了」？**習慣拖延的人有幾句常見的口頭禪：「應該要～」、「本來就是這樣」、「這件事非常重要」等。**雖然乍聽之下沒有問題，不過仔細探究的話，會發現其中隱含著「我也不想做，但現實無可奈何」的心境。因為缺少了個人意願，只剩下沉重的義務感，以致於不斷想拖延。

「話語」意外擁有強勁的力量，甚至連「自言自語」也具有一定影響力。將自身想法用言語表達出來的「自我對話」(self-talk)，如果蘊含了「主動選擇」與「積極肯定」的態度，就能讓自己產生信心並燃起動機。**試試看把平常掛在嘴邊的「這件事非做不可」改成「我要做這個」；「一定要把事情做完」換成「要不要現在就開始？」；「這件事很重要」改為「先做一項試試看吧」；「都沒有休息時間」換作「應該抽空去散散步」**。養成自我對話的習慣，也是得以解決拖延的良策。

當我們想起待辦事項時，經常會被壓得喘不過氣：「為什麼要做的事情總是堆積如山？到底什麼時候才可以做完啊？」一邊發出嘆息，一邊乾脆和沙發融為一體。這個時候，能讓我們身體動起來的「自我對話」就是：**「總之先開始吧！」**說出這句話然後坐到位子上的瞬間，進度就會開始緩緩向前；一旦上了軌道，不知不覺就會處理完許多工作。

培養自我效能感的簡易目標

曾經有個孩子因為成績持續下滑，被父母帶來諮商中心。

「在接受諮商的期間，希望成績可以進步多少呢？」我如此問道，他表示自己期中考數學只拿到四十分，希望可以進步到八十分：「從今天開始，我每天要寫兩個小時的習題，還要聽線上課程。」他說出一連串計畫，更發下豪語表示自己一定做得到。不過，等到下一次諮商時，別說一天兩個小時，他承認自己坐在書桌前的時間，一週加起來可能都不到兩個小時。結果和我預期的一樣，宏偉的目標與計畫，正是加速拖延症狀的捷徑。

我們決定重新制定計畫——翻開數學習題本、閱讀單元目錄，然後每天解兩道題；這樣的目標小到讓人起疑，但也很難失敗。兩週後再次與孩子見面，他變得意氣昂揚，自豪地表示：「翻開習題本的目錄，發現有些單元已經學過，每天只解兩道題有點可惜，所以有時候我一天會寫超過二十題！」

之所以選擇制定簡單的目標和計畫，首要原因就在於我們的大腦。還記得前文曾經提過，人類會出於本能地享受及時行樂嗎？簡易的目標和計畫達成的可能性高，對於成就的立即性滿足會成為一種補償，而得到補償的大腦就會迸發出讓人快樂的多巴胺。**我們聰明的大腦，會希望更頻繁、更長時間、更強烈地去做能帶來正向經驗的行為**。因此，透過小小的成就，能使大腦更加傾向「實踐」而非「拖延」。

小小的成就不僅能刺激大腦分泌多巴胺，相信自己能完成某件事的「自我效能感」（self-efficacy）也會跟著提高。於是，針對自我效能感高的事物，想完成的意志就會愈強烈。在與飲食習慣有關的研究中，曾顯示**決定健康飲食態度**

的核心因素，不在於表現給他人看的欲望或飲食守則，而是相信「自己可以養成健康飲食習慣」的自我效能感。自我效能感低的人會因為懷疑自己而陷入痛苦，而自我效能感高的人則相對能集中精力，並一步步擴大目標。

漫心在攀登喜馬拉雅山的安納布爾納峰時，就充分體驗到「分割目標」的效果。當時必須越過有「魔鬼區間」之稱的無盡臺階，雖然是自願參加的，但一想到要爬完那密密麻麻的階梯，還是不免感到一陣茫然。那時，漫心嘗試改變自己的想法和視線——不去看遠在天邊的山峰，只專注在自己腳下的每一層階梯。當漫心把目標鎖定在每一道臺階上時，不知不覺就走到了目的地，或許是每爬上一層階梯，得到補償的大腦就持續為她注入能量吧？

「應該著眼於人生的大方向，並朝著目標前進」，這樣的說法雖然沒錯，但是，若只集中於遠大的目標，在難以達成的挫折與壓迫感之下，大腦會讓我們的步伐一步步變得沉重。相反的，**若把目標切割成區塊，集中精力達成一項項簡易任務，就能帶著輕快的步伐，不知不覺與自己的人生目標愈來愈近**。

制定計畫時，如何將行動具體化非常重要。不是籠統地訂出「應該要運動」

就好，改成「吃完晚餐散步三十分鐘」，付諸實行的可能性會更高。在將行動具體化時，回想一下「六何原則」就會更加容易，**試著制定出包含「何人、何時、何地、何事、如何、為何」的計畫吧！如果很難把這一切都納進去，只要制定出像是「～的話（時候），就要～」，連結特定情況與行為的計畫即可。**例如不要寫「為了減肥所以要慢跑」，應該改成「傍晚七點時就去慢跑」。

行動愈是具體，付諸實行的機率就愈高。把即將放寒假的大學生們分成兩組，並要求其中一組針對假期內應完成的報告，制定具體的執行計畫。A組學生訂出了「耶誕節隔天，從早上十點開始，坐在社區咖啡館的窗邊座位花三小時寫報告」之類的詳盡規劃；而B組大學生也被指派了相同的作業，但並未特別要求他們寫出具體的計畫。

假期結束後，A組學生當中，有三分之二順利繳交了報告，而B組只有四分之一繳交了作業。研究者表示，之所以會有這樣的差別，原因在於計畫設定得愈具體，就愈容易讓人記起。耶誕節、上午十點、社區咖啡館、窗邊座位等，光是這些就足以讓人意識到作業的存在。

捫心自問：這是不是我真正想做的事？

假如以前述幾個方法努力過，卻還是每次都三天打魚、兩天曬網的話，就應該對自己拋出更根本性的提問：「這件事和我真正的需求、價值一致嗎？真的是我想做的事嗎？」

就像立志成為作家，卻不享受寫作的美珍一樣，若非自己真正想要的目標，累積的就不是一點一滴的成功經驗，而是無盡的失敗與挫折。因此，有必要捫心自問：實現該目標時，自己會有什麼樣的快樂？該目標和喜歡的事物有何關聯？多接近自己所追求的人生？

我們曾在Podcast節目上（相當自豪地）提過的例子，如今寫在書裡卻覺得十分慚愧。當時萬能博士準備出書，正努力養成寫作的習慣，因為平時通行無阻的臨時抱佛腳策略，在寫作上完全不管用。照這樣下去，恐怕無法在截稿日前完稿，於是便決定試試看其他方法：建立非常簡單、一定會成功的目標。萬能博士打算一天無條件只寫兩個句子，然後每天都確實遵守約定的那段期間，她在節目上得意洋洋地表示「自己做得很好」，介紹了自身的成功案例。不過，最終那本書還是沒能寫完，一天寫兩個句子的習慣也早已消失無蹤。

因為太丟臉了，原本想偷偷刪掉這段插曲，但萬能博士對自己提出根本性的質疑後，發現這種狀況其實情有可原。當時的企劃，並不是萬能博士擅長的領域或真正想寫的內容，因此，她更在意的是作品出版後自己會有什麼樣的心情。即便如此，她還是因為不想成為爽約的人、難以婉拒邀約、懷著無論如何都會成功的縹緲希望，一直試圖堅持下去。後來發現該書不是自己的目標，才終於放下「一天寫不到兩個句子，還出什麼書啊」的自責心理，並鼓起勇氣告訴對方自己不想再寫。當然，**其中免不了會經歷歉疚、丟臉或關係尷尬等過程，但與其一味拖延和逃避，不如選擇直接面對**。

可能有人會這麼說：「人生不可能只做自己想做的事吧！」沒錯，現實的確如此。有時會有一些事與自己的期望不同，卻不得不去完成。這種時候，**最好不要被動地呼應周圍的要求，而是將目標稍微調整一下，讓它可以盡量符合自己的方向**。

例如公司進行了社內評鑑，認為你的領導能力有問題，必須接受指導與培訓。改變領導風格是非常龐大的壓力，但若想繼續留在公司，似乎也不得不遵從。因為是基於外部壓力而強行改變，所以總是會抱怨自己為什麼要做到這種地步。不過，即使處於這種情境，還是可以嘗試用自己的方式來消化。改變領導風格有各種方法和方向，想成為一位怎樣的主管、從什麼部分開始改變，這些都是我可以自行選擇的。此外，不妨放下被公司要求改變、無可奈何的被動態度，轉念思考看看「領導風格的變化」對自己意味著什麼，或對個人職涯與長期目標有何助益。當然，也許這種方式仍有侷限，但若做出的選擇能符合個人需求，並找到與公司目標之間的連結，就會獲得付諸實行的動力。

在介紹完拖延症的理由和預防方法後，現在才說這些雖然有點不好意思，但還是想特別強調：「拖沓或延宕，並不是必須拋棄或改正的問題。」本章的內容，主要適用於拖延情況不斷反覆，以致於負面經驗持續累積，或想主動改變類似行為的時候。做事不該因循怠惰、拖延的習慣一定要戒掉，訂立周詳的計畫然後善加遵守，才稱得上是正確的人生——筆者想傳達的不是這些，而是希望為老是苛責自己達不到目標的人，提出一些可以暫停自責的建議。

假如情況允許拖延，或是在拖延期間可盡情享受閒暇，那麼稍微延遲一下也無妨；明知道無法如期完成，但現在就是不想做的話也無所謂。**無論是拖沓延宕或是按表操課，只要是出於個人意願，就沒有所謂的對錯。但願你能做出讓自己更加幸福的選擇。**

追求即時性的滿足是人類的本能，也是相當自然的現象。自古以來，人們有食物就吃、能睡時就睡，這種做法確實有利於生存。這樣的本能，至今仍存留在我們體內，導致我們會選擇當下較為享受和輕鬆的事物。因此，沒有必要因為一點拖延的習慣就過度自責，這本來就是人類的本能。

實踐看看吧

停止三分鐘熱度！不拖沓懶散，按時完成計畫的方法

1 回想一下目標

讓我們回想一下新年許下的目標吧！除了今年打算實現的計畫之外，也可以回想看看之前想做卻一直拖延，或希望進行卻尚未起步的事。

2 制定具體的執行計畫

為了幫助自己付諸實行，可以留下容易回想起目標的線索。詳細記錄該計畫包含的對象、時間、地點、內容、方法及頻率。

3 總之先開始吧！

如果情況大致底定，就直接開始執行，不要讓「做還是不做」、「明天再開始就好」等想法有機會介入。假如決定「傍晚七點在住家附近的公園慢跑二十分鐘」，而現在也剛好七點的話呢？就別再猶豫，立刻出門慢跑吧！

4 檢視自己打算拖延時，通常會有什麼想法或口頭禪

若總是反覆拖延，不妨審視一下自己決定往後推遲的瞬間，會有什麼想法或話語。利用左側表格，把自己在拖延時經常說的話或想法記錄下來，接著在下方欄位寫下該如何以其他語句替代。語句要盡量簡潔明瞭，讓自己習慣在拖延時用這些話自我提醒。

拖延進度時的想法、口頭禪	替代用的語句
例）這週一定要完成……	例）現在就開始進行吧！
例）這次一定要做好。	例）在今天之內把報告完成。

02 因為害怕自己後悔，所以總是不敢下決定

午餐時間到了，恩英今天又面臨同樣的煩惱：該吃什麼好呢？雖然「中午吃什麼」幾乎是每位上班族都會碰到的難題，但恩英的情況特別嚴重，尤其是在被問到對「候選名單」的意見時。只要覺得自己好像必須做出決定，這種壓力就讓她難以承受。今天依然是去同事們決定好的店，但選擇要吃什麼也非常不容易。嫩豆腐鍋看起來不錯，大醬鍋好像也很美味……苦惱了一會兒，跟著旁邊的同事一起點了豆腐鍋，但覺得大醬鍋應該更好吃，最後又更換了餐點。

恩英的煩惱不僅僅是點餐。從幾年前開始，她就對現在的公司感到不滿且打算離職，但因無法決定要換到哪裡、轉職的選擇是否正確，只能不斷陷入苦惱。此外，恩英在人際關係上也很難做出抉擇，她目前同時和兩名男性處於曖

昧狀態，兩人的優缺點截然不同，無論放棄哪一方都不免覺得可惜。雖然她在聊天時開玩笑表示自己有選擇障礙，但這種生活模式的確讓她深感不便，有時還會對不能盡快做出決定、付諸行動的自己感到生氣。

選項多，不代表就能做出更好的選擇

面對無數選項而難以下決定，這不僅僅是恩英會遇到的困擾——如洪水般撲天蓋地襲來的廣告與行銷，讓我們的面前出現了太多選項。在彼此聯繫較少的傳統社會裡，人們選擇的餘地非常有限，但在開放且自由的現代社會，個人需要選擇的事物多不勝數，或許每個現代人都曾經歷過選擇障礙或決定障礙。

在展開更詳細的討論之前，有些問題必須先行釐清。許多人經常提到的「決定障礙」或「選擇障礙」，並不是正式的診斷名稱，實際上也不屬於「障礙」的一種。另外，最近有不少人過於泛濫地使用「障礙」一詞，不僅創造出許多診斷中不曾出現的名稱，還過於輕率地使用「恐慌障礙」等病名，站在心理學者的立場不免感到擔憂。雖然現今的語言趨勢經常混合著自嘲，或為了表現困境而加以誇飾，但我們有必要慎重考慮「障礙」一詞有多沉重，以及濫用時可能產生的反效果。

「選擇障礙」一詞也是如此。當然，每個人都會有難以下決定的時刻，也有人會在各方面都難以抉擇。不過，若草率地稱呼這樣的人具有「選擇障礙」，很可能會讓對方認為自己患有某種症狀，並為自己貼上標籤，相當於社會汙名（social stigma）的一種。若陷於某種框架之中，就會產生相應的思考和行為，換句話說，假如把難以下決定的瞬間都稱為「選擇障礙」，做決定就只會變得更加困難。因此，**與其斷定自己有「選擇障礙」，不如觀察一下自己是在何時、基於何種原因而難以下決定，採取努力理解自我的方式會更為有效。**

選擇本身就是一種壓力與負擔，這點對任何人而言皆同。哥倫比亞大學的希納・伊恩加（Sheena S. Iyengar）教授與史丹佛大學的馬克・萊珀（Mark R. Lepper）教授進行的「果醬實驗」，就可充分為其佐證。

某間超市分別設置可試吃六種果醬與二十四種果醬的攤位，藉此觀察顧客的反應。一般都預測能自由、盡情選擇個人喜好的二十四種果醬攤位，會更加受到顧客歡迎；果然，在超市流動的人群中，有百分之六十選擇了二十四種果醬的試吃攤位，而展示六種果醬的攤位，只吸引到百分之四十的顧客停下腳步。

不過，購買的機率卻截然不同。在二十四種果醬的試吃攤位上，只有百分之三的人購買了果醬；相反的，在六種果醬的試吃攤位上，足足有百分之三十的顧客掏錢購買。雖然有很多人基於好奇心走向多樣的果醬試吃攤位，卻被眾多的選項搞得眼花撩亂，反而減少了購買的意願與需求。也就是說，眾多的選項會帶來壓力和負擔，這種現象稱為「選擇超載效應」或「選擇的弔詭」（The paradox of choice），在許多腦科學研究中都獲得了驗證。

其中一項實驗，就是加州理工學院科林．坎麥爾（Colin Camerer）教授團隊進行的研究。在這項研究裡，實驗參與者共分為三組，分別拿到六張、十二張、二十四張風景照，並依據個人喜好選擇，貼在茶杯上。實驗過程皆在功能性磁振造影（fMRI）監控下進行，受試者的大腦活動會被掃描記錄下來。

受試者在挑選照片時，腦內有兩個區塊被活化：一個是衡量決策之潛在利益的區塊，另一個則是評估選項價值的區塊。原本預測擁有最多選項、獲得二十四張照片的小組，大腦活化的情形會最為明顯，但實驗結果顯示，拿到十二張照片的小組，大腦反而受到最多的刺激。也就是說，如果把選項增加到適當範圍，大腦在進行決策時的衡量、評估機制就會變得活躍；相反的，若超過一定基準，大腦就會感到疲勞，減少在評價或選擇方面的努力。

由此可見，人類的大腦本來就會在面對過多的選項時陷入驚慌、疲倦，所以我們在選項增多時感到壓力倍增，其實是再自然不過的現象。

先別感到害怕，改以輕鬆的態度面對

在選擇題不斷倍增的當今世界，「選擇困難」是每個現代人都會感受到的壓力。但是，若自己特別難以做出抉擇，或許當中藏有不為人知的個人因素。

認識選擇超載效應，減少選項並制定規則

如同先前介紹過的實驗，人類在選項眾多時會感到過度疲勞，對選擇的滿足與喜悅也會隨之降低。實際回想一下我們陷入選擇困難的情況，一般都是在選項多的時候。假如我們前往的餐廳，菜單像百貨公司的美食街般一字排開，那麼即使有事先想好的餐點，也會忍不住稍微猶豫、苦惱一下。相反的，如果餐廳只提供當日精選餐點，那麼就根本不需要考慮，可以很快地做出決定。

因此，在難以下決定時，為了降低選擇疲勞，不妨刻意減少選項數量，並制定出挑選原則，也就是**「被動地做出選擇」**。面對重要的決定時，必然會消耗相當多的時間與精力，但若仔細觀察日常生活，會發現我們習慣在無關緊要的小事上投入很多時間與能量。假如把那些浪費掉的時間和精力都想像成金錢，各位一定就會明白該如何抉擇。換句話說，對那些枝微末節的小事，我們可以減少其中的選項；有時也可以制定出規則，被動性地進行挑選。

蘋果的創始人史蒂夫．賈伯斯（Steve Jobs），就是這種生活模式的典範。回想一下賈伯斯生前的形象吧！**他經常穿著黑色高領上衣搭配牛仔褲。為了減少每天早上思考要穿什麼的時間，他大幅縮減服裝種類**，刻意降低選擇疲勞，好把時間和精力投入在更重要的事物上。當然，要在哪個領域減少選項，每個人都有不同的想法，因為重視的價值與生活各不相同。

其實在日常生活中，我們已經實行減少選項、遵循原則的方式了。早上起床後去上廁所、刷牙、洗臉然後換衣服，這一連串的過程，以及前往公司時選擇的交通工具與路線等，都是依循我們事先訂出來的規則。假如我們每一次起床、出門都要重新選擇順序、路線，那該有多累人呢？現在，試著把這個方式再擴大一點，套用到人生之上吧！特別是那些對瑣事躊躇不定的人，我非常推薦活用這個方法。例如**在決定約會場所時，從幾間常去的店家中挑選；或為了減少早晨搭配服飾的時間，提前規劃好一整週要穿的衣服等**，制定屬於自己的簡明規則，習慣性地照著實行。

不再向外苦尋，由自己創造出最佳選項

回想一下自己購物時的情景吧！近來網購成為了趨勢，人們大多會四處查詢、比價後才下手。這時，**為了從價格與品質上做出最好的選擇，你會不會在看完所有網站和部落格，鎖定購買商品後，又突然開始想有沒有更好的選項，然後持續反覆比較呢？如果有這種傾向，那麼你就是所謂的「極大化者」**。

「極大化者」（Maximizer）指的是希望自己做出的購買行為或決定都要是最好的，因此，在他們確信自己已用最划算的價格找到最好產品之前，都不會停止比價的行為。從尋找候選商品到下決定的這段過程，他們會花很多的時間與

精力，而在這種行為的背後，隱藏著「會不會錯過最佳選項」的不安情緒。

與「極大化者」相對應的是「容易滿足者」（Satisficer），這類型的人在購買商品或選擇時，只要達到滿意的水準就會停止搜尋，然後確定自己的意願與想法。或許還存在其他更好的選項，但他們會適當地感到滿足並接受，因此較少為「可能錯過的選項」焦慮不安。若各位讀者對此覺得好奇，可以在P.47的測驗中，確認自己是否符合「極大化者」的特徵。

根據研究結果顯示，和「極大化者」比起來，「容易滿足者」對自身選擇的滿意度較高，在做出選擇後也較少陷入不安。相反的，為了不在事後後悔，執著於追求最佳選項，並為此投入大量精力與時間的「極大化者」，對自身的選擇不僅滿意度低，而且更容易後悔，這點著實相當諷刺。據說「極大化者」與「容易滿足者」相比，在日常生活中感受到的滿足與幸福也更少。

當然，「極大化者」的行為模式也有其原因，而且他們不會以絕對標準來追求最佳選項，因為不可能跑遍全世界把所有選項都挖出來。倘若為了以最高的性價比獲得最大的滿足，心甘情願地投入自己的時間，並且享受此過程的話，這不也是一種個人選擇嗎？

☀ 極大化程度Checklist

□當面臨選擇時，我會盡力考慮一切的可能性，甚至試圖想像當時根本不存在的選項。

□不論對自己的職場有多滿意，我都還是會試圖打聽更好的機會。

□在看電視時，即使有鎖定的節目，我也經常切換頻道，看看還有什麼其他選擇。

□我總認為人際關係就像試裝一樣，亦即要多認識不同的人，再從中挑選與我百分百契合的對象。

□我經常在挑選朋友的禮物時費盡心力。

□逛街購物時，常常覺得很難找到自己完全滿意的衣服。

□我喜歡為事物排名，如最佳電影、最佳歌手、最佳運動員或最佳小說等。

□我在寫電子郵件給朋友時，經常為了挑選合適的字詞而絞盡腦汁，連簡單的內容也要先打好幾次草稿。

□我絕對不會滿足於第二選項。

□我經常夢想著與現在截然不同的生活。

不過，如果因為「極大化」的行為模式而在選擇上遭遇困難，就有必要更進一步深思。例如在尋找配偶、選擇職業或求職方面遇到問題的話，不妨仔細思考一下自己究竟是為了什麼追求「最佳選項」。通常在這種情況下，「極大化者」最害怕的是伴隨「選擇」而來的「後悔」。因此，**執著於不會後悔的「最佳選項」，會導致他們更難下決定，陷入苦惱的時間也愈來愈長。**

在規劃職涯方面遇到困難的社會新鮮人當中，有很多是屬於「極大化者」。面對人生重要的決定時，雖然必須慎重其事，但若為了尋找百分之百適合自己的職業或公司，導致求職準備期不斷延長的話，就應該懂得於適當的標準上喊停，並學習在受限的環境中做出讓自己滿意的選擇。

世上沒有所謂的「最佳選項」，必須放下心中對理想選項的期待，懂得在一定的程度上妥協，並設立屬於自己的標準。而這種時候，**不要把選擇看作是「唯一一次」**，將有助於內心的調整。如同走在路上，途中會出現許多岔路一般，眼下面臨的選擇，並不是決定人生全局的唯一支點。這麼想的話，是否能稍微減輕「務必做出最佳選擇」的負擔感呢？

什麼才是「最佳選擇」？其實沒有一定的標準，在做出抉擇後，如何將自己選的路走得豐實，才是決定那個選擇好與不好的關鍵。也就是說，**選擇之後的結果不是因為選項所造成，而是取決於自己創造出來的道路，**但願大家能將這一點銘記在心。

切忌無止境地比較，或總是對他人的選擇眼紅

雖說訂出了個人標準，就可以成為「容易滿足者」，但這其實並不簡單。即使擁有屬於自己的標準，仍會不斷受到動搖，這就是所謂的人生。尤其人類是社會性的存在，在為事物下決定之前，必然會參考他人的選擇。觀察和參考位置與立場相似的人會如何做決定，藉此獲得實用的情報與心靈上的安慰，從這一點來看，「互相比較」確實有其益處。然而，我們無法否認人與人之間的相互比較，也是侵蝕生活的元兇之一。特別是在做選擇或決策時，若掉進相互比較的陷阱裡，不僅會難以下判斷，憂鬱及不滿的情緒亦會上漲。

對美英來說，孩子的教養問題就是如此。她希望孩子能自由自在，開朗地以原本的面貌過生活，因此，她決定不要強制為孩子安排活動或課程，而是盡可能按照他們的意願進行。不過，每當與其他家長見面後，這股信念就會受到強烈的動搖。得知其他父母會為孩子規劃各種才藝活動時，她就忍不住懷疑自己是不是資訊不足、會不會導致孩子落後於人，或者孩子可能具有天賦，順其自然反倒錯過了培養才能的時機……**身為父母，一定會對這種情況深感共鳴。雖然每個人都有自己教養孩子的標準，但只要在團體中聽到其他做法，就會反過來質疑自己做得對不對，內心受到影響。**

不僅是孩子的教養問題，在戀愛、結婚、選擇職業或居住地等人生的重要瞬間，「比較」會悄悄入侵我們的內心，導致我們難以做出選擇。恩植的夢想是退休後在閒適且鄰近大自然的地方養老，因此，他在很久之前就買了塊地，入住屬於自己的田園住宅。不過，每當看到近幾年首爾社區大樓的房價漲幅，他就會覺得心裡很不是滋味。雖然早晨的鳥鳴聲與新鮮空氣讓他獲得些許慰藉，但只要聽到身邊的人談及用大樓賺進多少差價，他就會懷疑自己當初是否做錯決定，偶爾也會對此感到懊悔。

在下判斷或決定時，「比較」雖然是很有價值的參考對象，但同時也會讓選擇變得困難，或對自己深思熟慮的決定感到後悔與不安。因此，若想更為輕鬆、滿足地做出決定，最重要的便是確立自身的選擇基準。當然，偶爾難免會有動搖的時候，但這些都是必經的自然現象。每當這種時候，懂得回顧自己追求的生活優先順序與標準才是關鍵。**幸福不是絕對，而是相對且主觀的。對他人有益的事物，不一定對我也有幫助；對我而言不可或缺的東西，也不能保證對他人一定重要。**在覺得難以下決定時，不妨回頭想想自己認定的幸福基準究竟是什麼。

猶豫不決時，為什麼不妨先做再說？

「如果做出的選擇不是最好的該怎麼辦？」若進一步探究這種不安情緒，會發現當中藏有對事後後悔的恐懼。眾所周知，難以下決定的其中一個原因就是「後悔」，有很多實驗也證明了這一點。我們因為害怕後悔，所以會在下決定前變得謹慎，此外也會擔心發生負面情況、遭遇痛苦的情感，以致於不斷推遲或放棄決策。

瑣碎的事物如點餐或購物等，也會有後悔的情緒參雜其中，而愈是人生重要的決定，這種情感就愈加強烈，令我們陷入裹足不前的窘境。像是很多時候明明知道應該和剝削自己的戀人分手，卻擔心離別後感到寂寞與空虛，或是遇不到更好的對象，害怕為此後悔，以致於不敢果斷做出決定。最終，他們還是無法擺脫被傷害的處境，一而再、再而三地感到軟弱與無力。換句話說，他們因為擔心「未來的自己」，導致「現在的自己」做不出任何選擇。

人類的這種心理，會演變為「後悔厭惡」(regret aversion)，因為覺得「後悔」這種情感非常痛苦，於是傾向避免類似狀況再度發生。因此，在預期自己可能後悔時，就會拖著不下決定或予以逃避，亦即與其日後後悔，不如一開始就別做選擇。為了呈現出這種心理狀態，心理學家丹尼爾·康納曼（Daniel Kahneman）與阿莫斯·特沃斯基（Amos Tversky）曾設想過一套情境。

例如漫心長期持有A股，雖然去年曾考慮把A股賣掉換成B股，但最後還是決定予以保留。結果，最近她得知一個消息：當初猶豫要不要拋售的A股，如果賣掉換成B股的話，現在可以多賺一百五十萬韓圜。而萬能博士的情形則相反，去年她雖然保有B股，但賣掉換成了A股。直到最近才得知：如果當初沒有把B股賣掉，就可以多賺一百五十萬韓圜。這兩個人之中，你覺得誰會比較後悔呢？

漫心和萬能博士都錯過了賺取一百五十萬韓圜的機會，但兩者的不同之處在於：漫心先前沒有任何動作，而萬能博士曾經有所行動。將這個假想情境交付問卷調查，詢問漫心與萬能博士誰會更加後悔時，有百分之九十二的人都回答：「萬能博士。」換句話說，大多數人都同意因採取行動而錯失利益的萬能博士，事後會更加懊悔。

這樣的結果，意味著大多數人在日常中都懷著對後悔的恐懼。再強調一次，雖然同樣招致了不良結果，但人們在曾採取行動的狀況下會更加後悔，這是一種反事實思維（counterfactual thinking）的運作。在我們感到後悔的瞬間，會自動想起與事實相反的情況，因為思考自己曾做過的行為（action）：「唉，如果當初沒那麼做就好了」，比設想「未採取任何行動」（inaction）要來得容易。

還有一種類似的概念叫做「不作為慣性」（inaction inertia），亦即為了避免後悔，習慣性地不採取任何行動。例如逛超市時，發現之前想買的家電產品現在打五折，正考慮之際，內心卻產生了這樣的想法：「都快要換季了，再多等一陣子的話，會不會降到四折呢？」最後決定觀望一段時間。但是，幾天後再去逛超市時，發現同樣的商品改為打六折，而且公告是最後一次折扣。在這種情況下，人們會做出什麼樣的選擇呢？

大部分的人都不會買，因為後悔自己沒有在之前打五折時下手。假如這是必要的生活用品，而且還打六折的話，相當於可以用比原價低很多的價格購入。不過，後悔的情感實在太過煎熬，以致於把行為導向愚昧且不理智的方向。

但是，以長期觀點來看，如果問人們平生最後悔的是什麼，大多數人的回答都是「未能行動」。**像是當時應該毫不猶豫地去考研究所、那時應該鼓起勇氣告白、應該四處旅行遊歷，或者花更多時間和珍貴的家人相處等……**對因沒能付諸行動而錯過的機會感到遺憾和後悔。

假如有真的很想擁有的事物，卻因為太害怕後悔而無法下決定的話，不妨回想一下先前提到的心理學觀點。與其擔心未來的自己會不會後悔、進而逃避，不如鼓起勇氣欣然地做出選擇。

你一定有聽過這樣的說法：「猶豫不決時，就先做再說吧！」如果做不做都會後悔，不如選擇行動。**因為隨著行動而來的後悔，會讓人自我反省並向前看；但什麼都不做的話，只會使人產生迷戀並沉浸於過去。**

人生的道路，由我親自創造

最後，希望你能思考一下「決定」的本質。前文我們提到了「選擇障礙」，也談到了午餐要吃什麼、是否購買某件商品等，但這些在人生中算不上非常重要的問題。真正需要煩惱好幾天的，是那些站在人生十字路口時迎面而來的抉擇。這種時候，如果希望減輕一點負擔，就必須認清生命的侷限性、足以改變人生的人只有自己。亦即，應該採取存在主義的觀點。

每個人都在相似的條件下生活，總有一天會迎來死亡。在對生命充滿熱情的青春年少，提及死亡或許多少有些違和，但隨著年紀增長，我們自然會碰到生命的侷限性。

有些人擔心：若意識到生命的侷限性與死亡的必然性，會不會一不小心就陷入虛無主義？但實際上恰好相反。當領悟到生命的侷限性時，每分每秒都將變得無比珍貴，因此，我們也會產生必須對生活專注的責任感，擺脫那些對自己無關緊要的瑣事。**雖然無法改變他人或世界，但至少在眼前這個瞬間，我的行動可以由自己決定。**

漫心在三十歲出頭時，曾經歷過六個月的背包旅行。在那之前，漫心在一間大企業上班，乍看之下生活似乎相當穩定，但其實一直過著空虛且機械式的生活，找不到任何滿足感。當時她面臨各式各樣的煩惱，已經到了無法為事情下決定的狀態；因此，與其持續沉浸在痛苦中，她決定給自己一段時間沉澱。

這個決定並不容易。在正應累積工作經驗的時期，放棄穩定生活的不安感、為了尋找自我而出發的旅行，萬一回來後還是一無所獲該如何？回來後連現在一半的生活水準都達不到怎麼辦？又或者在社會上落伍了呢？這些煩惱不斷壓抑在心裡。但是，漫心在這過程中領悟了——執著和欲望，會讓人難以做出選擇。當時她突然意識到，**既想迴避討厭的事物，又不想放棄心中憧憬，抱著魚與熊掌兼得的欲望，只會讓決策變得無比困難**。

在面臨抉擇的瞬間，我們通常會比較其中的利益得失，再決定自己要如何選擇。不過，漫心在那一刻轉變了想法：先預測並衡量最壞的情況和損失，並思考自己能否承受。準備做出人生的重要決定時，如果只想獲得好的結果，選擇就會變得困難；唯有勇於對未知情況和不良後果負起責任，才能果敢做出決定。這是漫心在那段時期領悟的道理，如此一來，原本艱難的選擇就能稍微變得輕鬆一些。

聽完漫心的經歷，可能會誤以為她已經到了頓悟的境界，抱著存在主義的觀點過生活。不過，其實漫心現在依舊每天都會有煩惱，過著橫衝直撞的日子。即便如此，**每天懇切地詢問自己想要什麼、決定做什麼，以及這個決定會伴隨什麼樣的責任，自己應該如何承擔等，擁有這種努力的生活態度更為重要**。

倘若只想著一定要做出最好的選擇，就會導致自己變得過於謹慎，有時甚至根本無法下決定。然而，選擇所造成的結果，其實都是由自己創造出來的。但願各位讀者記得：做出選擇之後，該選項的好與壞，都取決於自己做出什麼樣的努力，走往什麼樣的方向。

> 幸福不是絕對，而是相對且主觀的。對他人有益的事物，不一定對我也有幫助；對我而言不可或缺的東西，也不能保證對他人一定重要。在覺得難以下決定時，不妨回頭想想自己認定的幸福基準究竟是什麼。

實踐看看吧

不因未知的將來而犧牲現在

1 難以決定日常瑣事時

① 想想看與花費的時間與精力相比，自己的滿意度是多少。你將會意外地發現，這些事物的影響並不大。

② 為了減少做決定的時間，不妨建立出屬於自己的簡單原則，再提前做好規劃，之後就毫不猶豫地照著執行吧！

③ 觀察自己在減少猶豫時間、機械式地照著進行之後，會發生什麼樣的狀況。是否不僅沒有遇到大問題，心情反倒變得輕鬆許多呢？如果感受到積極正向的情感，習慣就很容易維持下去。別中途放棄，繼續試試看吧！

④假如還是覺得心裡不舒服的話，就審視一下自己的內心。心底是否藏著某種欲望和恐懼呢？它們通常不會只影響到自己做選擇或決定，試著解決那股恐懼和欲望吧！

2 人生的重大決定變得困難時

①試著把自己人生的優先順序和價值列出來。

②在編列優先順序的同時，確認看看自己無論如何都不想放棄的事物有哪些。

③此時別和他人比較，想想對自己有益、有價值的事物為何。

④做決定時不要只想像好的結果，試著預測一下最壞的情況，評估自己能否承擔，以及是否甘願承受。如此一來，將得以產生勇氣，應對過程中的那些不確定性與困難。

「猶豫不決時，就先做再說吧！」如果做不做都會後悔，不如選擇行動。因為隨著行動而來的後悔，會讓人自我反省並向前看；但什麼都不做的話，只會使人產生迷戀並沉浸於過去。

03 今天也在無意間發火了

智允今天又大發雷霆了，但實際上並不是什麼需要生氣的事：丈夫說馬上就會下班，卻沒有準時抵達。丈夫的情況不難理解，因為突然有緊急的事要處理，他以為很快就會結束，所以沒有特別通知智允，沒想到時間拖得太晚。不過，智允卻對此大發脾氣：「沒想過等的人是什麼心情嗎？為什麼不回訊息？菜都冷了，這樣不是又要重新準備嗎？」丈夫雖然一開始選擇道歉，但後來也開始反駁：「難道是我自己想加班的嗎？一定是事情很急，我才會忙到這麼晚啊！不能體諒我一下嗎？」

兩人的戰爭就此揭開序幕。智允表示這個家她一刻也待不下去了，於是「哐」的一聲甩門離家出走。雖然發現孩子用驚恐的眼神在觀察爸媽的臉色，但那一瞬間實在忍不住怒火。

一個人走著走著，覺得似乎做得有點過分，有需要對丈夫發那麼大的脾氣嗎？配合下班時間準備好晚餐，丈夫卻沒有準時回家，其實只要表明自己很擔心，問一下為什麼沒有提前聯繫即可帶過。自己只是因為家人無法聚在一起吃飯而覺得可惜，但像這樣大發雷霆的話，最終沒有人能好好吃完晚餐。

智允覺得自己的心不受控制，明明大腦可以理解，但情緒總是會一下子湧上來，讓整個情況偏離軌道。最近有愈來愈多事會讓她突然發飆，脫口而出的話也愈發尖銳。當時到底感受到什麼樣的情緒？這種宣洩情緒的方法真的合適嗎？種種疑問讓她混亂不已。

不只有智允遭遇類似的困境。明明自己的心應該自己最了解，實際上卻相當困難，從察覺自身情緒開始就不是件易事，更遑論適當地表現與調節。對所有人而言，調節情緒都是必修的功課。

假如情緒消失的話，是否會變得輕鬆一點？

情緒在日常生活中經常成為問題，有些人會選擇壓抑，有些人則是連一點點的情感都會爆發或宣洩。雖然沒有明定哪些情況一定會感受到何種情緒，但有些人會莫名其妙地陷入某種情感而難以抽身，這就是情緒無法正確發揮作用的案例。

情緒運作一旦發生問題，生活各領域都會受到影響。情緒具有什麼樣的功能呢？一般「情緒」指的是經歷某件事，或是內心的想法與記憶浮現時所產生強烈且暫時性的感覺。迎著涼爽微風騎自行車時感受到的愉悅，以及腦海中依稀想起自己初次騎自行車的經驗等，這一切都是所謂的情緒。

人類能感受到情緒，其中的意義不僅止於當下的經驗，更是生存不可或缺的要素。人類在看到猛獸時心生恐懼，而恐懼的情緒會讓我們起身逃跑；在溫暖的家時，我們會感受到空氣中瀰漫的穩定與舒適，得以一邊休息、一邊補充能量；在感受到悲傷時，則會進一步尋求他人協助。人的情緒是與生俱來的，這也足以證明情緒有利於生存。

情緒也帶有社會功能。交談時，如果能讀懂對方表情中流露的情緒，就能停止自己不當的言辭。而溝通也是其重要功能之一，我們不說話時，可以用表情傳達心意；在言語上附加情緒時，就會產生更強烈的力量。

此外，情緒也會引導決策，在需要做出選擇時，情緒天平就擁有極大的影響力。究竟是比較遺憾還是痛快，隨著情緒不同，我們的抉擇也會產生差異。例如講了幾百次要分手，卻還是沒能和戀人分開，原因就在於離別所帶來的遺憾，遠比痛快的情緒要更濃烈。

情緒亦會成為動機的源頭，是否繼續進行某件事，取決於過程中感受到的情緒是正向或負面。情緒（或情感）的英語為「emotion」，詞源十分有趣，來自於有「移動」之意的拉丁語「movere」，與動機（motivation）的詞源相同。**正如情緒並非停留在心中靜止不動，而是引導行為與方向的強大力量。**

在這忙碌又複雜的世界，人們的情緒出現問題

人類自出生開始就能感受和表達情緒，但不知道基於什麼原因，不少人在情緒方面產生了問題。內心莫名地掀起波瀾，卻不曉得是何種情感；找不到自己的情緒從何而來，不分青紅皂白地發洩在他人身上，或者打從心底認為自己的情緒不重要……等，情緒問題的類型相當多樣。

正洙不懂得表達自身情感。

「當時你的心情如何呢？」

「那個人好像看不起我，力氣比較大就可以欺負人嗎？真是個壞蛋。」

在諮商中心，正洙認為自己已經坦率地表達出情感，但相同的問題又被丟了回來。

「原來你覺得自己受到輕視。那麼，當時感受到什麼樣的情緒呢？」

這個問題最讓正洙困擾。每當被問到情緒時，總有一種快要窒息的感覺。

「所以我的『情緒』如何呢……我覺得自己被輕視，但原來那是我的『想法』

啊……」不管反覆幾次，他都無法準確回答這個問題。

在公司好幾次鬱悶得難以忍受，正洙開始接受諮商已經過了幾週的時間。無法正確表達內心情緒讓他喘不過氣，分明有什麼東西如鯁在喉，他卻無法描繪出明確的輪廓。

「正洙，你知道嗎？每次詢問你的情緒狀態時，回覆的答案都是『想法』。覺得被輕視時，會有怎樣的心情呢？可能是生氣，也可能感到悲慘……但你似乎和自己的情緒刻意保持距離。」

走出諮商中心後，諮商師的一席話仍不停迴繞在耳邊。正洙從小就是這樣，當時生計問題迫在眉睫，雖然正處於需要溫暖關懷的時期，但面對連睡覺時也累得蜷縮著呻吟的父母，正洙總要表現出自己沒事的樣子。他提前迴避可能讓自己心情不好的狀況，嘴上說著沒關係，實際卻很難與朋友交心。

「我真的不懂你內心真正的感受，好像只有我一個人覺得鬱悶」、「總是那樣悶在心裡，不會有人理解你的」……過去曾如此說過的戀人與前輩，他們的臉龐再度掠過正洙的腦海。

沒有表露出的情感不會就此消失，有時會化為身體的疾病，有時會莫名地想找人洩憤，或者變成人與人之間的矛盾等，這些都是「為什麼忽略自身情感」的警訊。不過，究竟是基於何種原因，才會這樣不重視自己的感受呢？

因為，正洙認定坦率表達情感是一種不成熟的行為，以及深信自己絕對不能被情緒左右。比起觀察內心的感受，現實生活中有更多更急迫且重要的事。在情感表達方面，男性和女性之間亦顯得壁壘分明，男性要壓抑情感才像個男子漢，而女性則被要求情感豐富，如此才稱得上有女人味。此外，情感與「理性」亦形成了對比，有時甚至成為被指責的對象：「應該理性一點思考啊，為什麼總是感情用事？」某些時候，強烈的情感表現無可厚非，但若過度地傾聽和理解對方，也可能造成情感上的扭曲。如此一來，對情感的錯誤認知再加上負面經驗，就會導致情緒方面出現問題。

在此也想問問看各位讀者：**今天你的心情如何？你知道那樣的情緒從何而來嗎？情緒是否有好好地給予你指引？**

正視自身感受，在日常生活中適當地調節情緒

「善於表達情感」是什麼意思呢？我們可以在心理學家約翰・梅爾（John Mayer）和彼得・沙洛維教授（Peter Salovey）提出的「情緒智力」(emotional intelligence，又稱情緒智商，簡稱情商）中找到答案。兩位心理學家將「情緒智力」定義為「處理和調節情緒信息的能力」，與先前將情感與理性相提並論，認定情緒不理智、不成熟的偏見不同，「情緒智力」的概念強調情感不僅是重要的信息來源，在人類的認知過程中也會產生助益。情緒智力高的人，可以迅速辨別自身的感受，也能充分認識並理解他人的情感。他們可以用適當的言語表達自己和他人的情緒，並且做出符合時宜的行為與表情。此外，他們也能利用情緒判斷、解決問題，適當地調節、改變自己與他人的情緒。

「情緒調節」是情緒智能的重要一環，也是所有希望為自身情感做主的人必須了解的概念。一提到情緒調節，通常就會想到忍耐或壓抑，把所有情緒都往肚子裡吞。然而，情緒調節指的是在不損害自我情感的前提下，理解對方的想法、情緒、目的與狀況，並靈活地加以應對。以多大的強度、多久、何時、如

何表達情緒，皆取決於自我調節的力量。

善於調節情緒，也意味著能將此刻的感受，以對自己與他人有利的方式加以活用。**在該忍的時候默不作聲，不該忍的時候勇於表達，這就是所謂的「情緒調節」**。例如考前無論多麼努力複習，真正應考時若不能控制緊張的情緒，當然就容易考砸；但若是善於調節情緒的人，在這種情況下仍會相信自己一直以來的努力，並懂得自我鼓勵。

假如前文提到的智允，在碰一聲甩門離去前，想到了「情緒調節」這個概念的話，情況會有何不同呢？當然，智允之所以如此憤怒，一定是先前也發生過很多事，我們不能斷定她沒有管理好情緒，也不是應該無條件地忍讓。不過，智允在做出上述行為前，一定沒料到自己會連一口飯也沒吃，甚至在夜晚獨自徘徊於大街上。

徹底理解自身情感，完完整整地接納吧！

有些情緒是我們熟知的存在，可以順利地加以消化，但有些情緒我們可能從未見過其真面目，只是一直被攪得心煩意亂。下面將介紹一些具體的方法，幫助各位讀者好好地梳理情感，**透過練習和經驗，成為自身情感的真正主人吧！**

調節情緒的第一階段：察覺

想成為自身情感的主宰，首先就要懂得把注意力放在自己身上，察覺現在正經歷什麼樣的情緒。既然是自己的感受，那麼本人一定再清楚不過吧？然而，實際上要確切知道自己在當下有什麼感覺，並不如想像中簡單。當某件事物觸動心房，或者讓人感到澎湃時，就必須讓自己冷靜下來，審視一下究竟是什麼樣的情感。

①專注於身體的感覺

如果想確切掌握自己的情感，就要專注於身體的感覺。情緒通常和身體的反應或行動相伴而來，例如雙頰泛紅、心臟撲通撲通狂跳，而且總是想待在某個人身旁，這種情感就可以稱之為「愛情」；若是心跳平穩，臉頰也沒有紅暈，甚至不知道對方在不在身邊，就很難視為愛情——這就是我們在審視自身情感時，務必要仔細觀察身體反應的原因。

學習心理諮商的人，也會練習「察覺情感並加以表現」，即所謂的「感性訓練」。透過細膩解讀內心情感與他人的情緒，逐漸蛻變成能帶給來談者光亮的心理諮商師。指尖出汗、呼吸急促、肩膀蜷縮等身體大大小小的反應，都展現出一個人的情緒。不過，當內心產生動搖時，很多人在分辨出情感的真面目之前，就已經被壓得喘不過氣，抑或忙著閃躲逃避。

所謂的「察覺情感」，就是當內心開始動搖時，先暫時冷靜下來觀察其變化。靜觀波濤洶湧的大海並不危險，危險的是不知道浪有多高，在沒有足以抵禦的裝備下就盲目地跳進海裡，或者海浪根本連腳趾都尚未觸及，就慌張地急於閃躲。如果動員全身的感官觀察內心，就一定可以替未知的情感找到合適的名字。例如身體冒汗、心臟怦怦跳，總是在意他人的反應，這時就可以判斷：「啊，原來我現在很焦慮、緊張。」藉此理解自己的內心。

②將情感視覺化

察覺情感的另一個方法為「視覺化」，這也是強調「審視」的諮商師經常運用的方法。筆者曾看過一位諮商師公開示範，當時他對著重度憂鬱、想尋死的來談者說道：

「在說自己『很憂鬱、想死』之前，請先把內心那股情感拿出來看看，試著把它掏出來放在手上。」

那一瞬間，來談者雖然看似驚慌，但他還是持續緊閉雙眼集中精神。諮商師又問：

「那團東西的表面呈現什麼狀態呢？是冰涼還是滾燙的？是具有彈性還是硬邦邦的？」

經過類似上述的探索後，來談者回答道：

「之前我一直以為自己心情焦慮且憂鬱，就只是很想死而已，但實際拿出來審視一番後，發現好像還有彈性和柔軟的一面。」

如果動員全身的感官來檢視內心，就會發現更豐富多彩的情感。那名來談者靜靜觀察自己一直以來覺得「憂鬱」的心，表示「光憑這種經驗，就足以讓心情輕鬆很多」。

③為情感賦予適當的名字

所謂的「體驗情感」，就是以自己既有的單字為該情緒狀態命名。有時我們會在尚未仔細觀察的情況下，就用幸福、不安或憂鬱等詞彙為整塊情感貼標籤。這麼做不僅限制了情感體驗，也因為情緒凝結成塊，而感覺更加沉重。

某些時候，我們在細膩地觀察情感後，也會不知道該為它取什麼樣的名字。雖然已經學過許多表達情緒的單字，卻想不出一個確切合適的詞彙。例如與「心情好」、「開心」等感情相似，意義上卻有些微妙差異的常用語彙就高達數十種：振奮、激昂、滿足、平和、興奮、精神抖擻、期待、浮躁、興致盎然、爽快、誘人、刺激……等。回顧一下自己平時表達情緒時，用了多少單字吧！情感的察覺需要學習，翻看與情緒相關的詞彙，思考特定情感是什麼樣的感覺，也是很好的方法。擁有愈多表達情緒的詞彙，就愈能「恰如其分地」體驗豐富的情感。

情感的命名沒有正確答案，每個人承載情感的器皿形狀和大小皆不相同，有些人覺得是「驚訝」，有些人卻認為是「慌張」。**就算是相同的經驗，感受到的情緒也可能各不相同，因此，只要找到符合自我標準的命名即可。**

根據性格與情況擬定的情緒調節戰略

若已察覺到情緒，就可以嘗試進行調節。隨著情感種類與強度的不同，實用戰略也會不一樣。為了有效地調節情緒，首先問問看自己：「目前的情緒需要馬上處理嗎？自己處於多激動的狀態呢？」假如是平時就經歷過的情感，而且不怎麼激烈的話，就可以用理性或解決問題的方法來應對。相反的，如果當下的情緒很難承受，選擇分散注意力會較為有益。

①理性情緒調節法

理性情緒調節法又被稱為「情緒ＡＢＣ理論」，Ａ（Antecedent）代表事件（或前置事件），Ｂ（Belief）指的是信念，而Ｃ（Consequences）則為結果。人們經常認為自己的情緒是起因於某個事件或情境，例如因為對方遲到，所以我感到生氣，或是因為我沒有準時抵達，所以內心覺得愧疚。不過，提出ＡＢＣ理論的認知治療專家解釋：「人的情緒來自於『信念』，也就是思考方式或特定的想法。」

有一個例子非常符合上述的ＡＢＣ理論。萬能博士大部分的工作都用筆電處理，但某天筆電卻突然故障，整個畫面呈現藍色，因為平常資料沒有另外備份，所以那一瞬間她既生氣又焦慮。如果筆電故障是事件（Ａ），那麼生氣與焦慮的情緒就是結果（Ｃ）。

接下來，萬能博士的焦慮開始波及家人，她變得既敏感又渾身帶刺，對行為與平常無異的孩子們發火：「媽媽很忙，你們為什麼總是這樣？不能把自己的事情做好嗎？」然後，又對著和電子產品不太熟的丈夫發脾氣：「筆電為什麼會這樣？幫我修看看啊！為什麼不會修？再找找看方法啊！」這所有的結果，也都屬於上述的C。筆電故障，就一定會出現這些行為嗎？是不是只要筆電故障，不管是誰都會感到生氣和焦慮？其實，在A和C之間，還有只屬於萬能博士的B。

讓萬能博士暴跳如雷的B是什麼呢？雖然當下沒有意識到，但在如暴風般的情緒過境後，她就恢復了理性。萬能博士發現，在和大家一起工作時，若不能按時完成進度，她就會覺得自己連累他人，而且認定這是一種無能的表現。「必須如期完成工作」的想法導致情緒激化，甚至遷怒到不相干的人身上。

用ABC理論來調節情緒，**指的是仔細觀察自己擁有何種思考方式，以致於產生當下的行為或反應**。通常對我們造成困擾的信念，都有靈活性不足、狹隘、誇張或輕視等不合理的特徵，將引發激烈情緒和行為的想法，轉換為從容且合理的思考模式，就是理性情緒調節法的核心。

把「必須完成~」、「一定~」等想法，改成「也可能~」、「我想做~」的話，情緒就會瞬間輕鬆很多。前者被稱為「當為式思考」（should thinking），因為覺得自己無法完成分內之事，所以負面情緒會大幅增加。反之，如果以後者的模式思考，就是期許自己順利達成目標，但對無法如願的情況，也相對能釋懷。「我想遵守與他人的約定，若能在期限內完成工作就好了」，稍微轉換一下想法，那麼筆電故障時就沒有必要火冒三丈，可能會進一步覺得「如果好好向同事解釋一下，請求對方理解，一定可以被原諒」。把B（信念）換掉的話，就會出現完全不同的C（結果）。最後，修理筆電雖然花了一週的時間，工作也跟著被往後延，但萬能博士擔憂的事一件也沒發生。

剛開始也許很難找到所謂的B，但只要多運用幾次ABC理論，就會發現貫通各個事件的核心信念，如此一來，情緒調節也會變得更加容易。假如還是毫無頭緒，不妨參考左方所列的內容，這些都是認知治療專家指出的代表性不合理信念。

②解決問題式的情緒調節

如果是尚在控制範圍內的日常情緒，也可以嘗試解決引發問題的原因，藉此達到調節情緒的效果。例如因為某位組員的失誤，導致整個團隊無法遵守專案交期。此時，埋怨或訓斥組員並不能解決問題，只會讓團隊感到洩氣，加深彼此情感上的裂痕。在這種情況下，雖然免不了陷入焦慮和失望，但若還不至於被情緒壓垮，不妨試著立即解決問題，像是重新分配工作、調整最終交期、重新設定目標等。

不合理的信念

- 世界是公平的，只要努力就不會落空。
- 無論何時，我都要從重要的人身上獲得真誠的愛與認可。
- 為了證明我是個有能力的人，我做的每一件事都要成功。
- 所有事情都必須滿足我的心願，否則生活只會變得一片狼藉。
- 事情如果無法如願達成，就意味著我的人生失敗。
- 如果想過上好日子，身邊就必須有個足以依靠的強者。
- 現在的行為和命運都起源於過去，我們無法擺脫過去的枷鎖。
- 我的價值取決於他人的評價。
- 沒有人值得信任，因為他們不知道什麼時候會背叛我。

假如在前文提到的筆電故障事件中使用此法，可以盡快將情況告知同事，接收有助於處理工作的資料。與其想著不知何時才能復原的檔案，處於焦慮與不安當中，不如趁記憶還清晰時，趕快重寫一份報告。

情感就像一攤泥淖，會讓雙腳不斷深陷，倘若未能加以察覺，只集中於當下的情緒，那麼情感就會不停擴大，由此衍生的負面結果也會持續增加。**採用解決問題的策略時，引發情緒的狀況就會獲得緩解，或是轉變為其他狀態，有助於調節情緒。**因此，假如有值得嘗試的做法，或者某項行為能稍加改變情勢，那麼立即採取行動就是健康的情緒調節戰略。

③注意力分散法

我們經歷的情感，不會全部都在可控範圍內，有時情感太深或太重，不僅無法立即面對，甚至根本想不到扭轉情況的辦法。這時，足以派上用場的戰略就是「分散注意力」。

所謂的分散注意力，就是不要專注在自己的感受，或是引發該情緒的環境，而是把心思放到其他事物上。一個事件通常會有多種層面，根據焦點不同，經歷的情緒也會完全不一樣。假如執著於未能遵守交期，可能會對組員大發雷霆，但若仔細看看好幾天都沒睡好的組員，憐憫之情就會率先浮上心頭。

壓力沉重時就吃辣炒年糕，憂鬱時則享用甜滋滋的蛋糕，這兩者都是極具代表性的注意力分散法。每個人轉移注意力的方式各異，有些人會透過劇烈運動釋放壓力，有些人則是會和朋友見面閒聊，藉此忘掉煩惱。不過，只要那一瞬間的快樂或愉悅消失，先前的情感就會重新找上門來。因為情況未能改善，自己也未好好面對情緒，所以得到的安慰僅是暫時的。

總而言之，分散注意力的方法，最終仍難以成為具有建設性或可持續的情緒調節戰略。

總是依賴注意力分散法雖然會產生問題，但有時這種方法也不可或缺。**例如在經歷生死離別等不可逆的狀況，或完全沒有資源與精力去處理情緒時，注意力分散法就非常有效。調節情緒會消耗相當多能量，若一開始就精力不足，那麼首要之務就是養精蓄銳**，必須擺脫「感受到情緒時就要馬上解決」的思維。

表面的情緒只是冰山一角，學會面對深層的情感吧！

有時，我們也需要完整感受自身情感。如果「了解自己當下的情緒」是前文介紹的「察覺」，那麼深入剖析這種情感的瞬間，就是所謂的「完整感受」。亦即仔細審視察覺到的情緒，不強行改變或壓抑，就只是單純地感受那份情感。**任由眼淚奪眶而出，讓情緒自然沸騰，當我們學會不指責或逃避自身情感時，將得以遇見真正的自我。**

情感具有層次，有相對容易察覺、透過表情與行動展現出來的「表面情感」，也有位於內心深處，難以發現或承認的「內在情感」。

還記得前文提到的智允嗎？丈夫晚下班卻未事先通知，當下她的表面情緒應該是煩躁和生氣。讓我們進一步剖析這種情感吧！或許在智允的心底，其實為了丈夫不再像以前一樣疼愛自己而感到惆悵，且害怕自己對丈夫來說不再是最珍貴的存在。感受到表面情感並加以展現，對「自我」而言沒有太大的威脅，但內在情感與存在感、價值等互相連結，在感受與表現方面都會帶有威脅性。「我渴求你的關愛，希望成為最珍貴的存在，但又怕自己無能為力」，光是表現出這種情感，就可能覺得自己變得卑微又渺小。

面對內在情感後，最需要的是對自己的理解與共鳴。**情感無所謂對錯，每一種情感都具有其功能，並存在著各自的理由與脈絡。**與其追究自己為什麼會有這樣的情感，不如採取體諒的態度，告訴自己「情有可原」、「現在本來就有可能產生這種情感」。

表面情感與內在情感，亦有助於理解他人的情緒。主管今天可能又訓斥道：「你這種工作態度要持續到何時？我到底要袒護你到什麼程度？」這番話傷了你的心。主管的表面情感是失望和鬱悶，但內在情感又是什麼呢？失望和鬱悶的情緒，來自於對某個人的期待，或許主管的內在情感，就是因為擔心你而感到焦慮。

仔細觀察對方的內在情感，會更容易接受他所表現出來的情緒。「你真討人厭！」如果只對這種表面情感做出反應，就會反擊對方：「我也討厭你！」但若深入分析對方為什麼非得如此表現，就可以進一步展開對話：「我有什麼地方讓你覺得不開心了嗎？要不要聊一聊？」

實踐看看吧

成為自身情感的真正主人

1 在情感波動時，先讓自己暫時冷靜

感受到莫名的情緒波動時，不要草率地採取行動，先讓自己冷靜下來。「等等，先深呼吸一下吧！」預設自我提醒的信號，也有助於掌握自身情感。

2 就算情緒已經爆發了也無妨

在採取行動之前，如果能先停下來審視情感固然很好，但就算晚了一步也沒關係。即使情緒已經爆發，只要重新回顧、反省，下次就可以阻擋情緒反客為主地操控我的行為。

3 捫心自問：現在的我處於何種狀態？

問問自己現在作何感受吧！「我的情緒如何？該怎樣定義自己的狀態？」這時，請充分利用身體的所有感官。

4 練習為情感命名

可以試著更新自己常用的情緒形容詞，並追加曾經歷過的情感，製作出自己專屬的詞彙列表。

5 凡事都必須循序漸進，練習再練習吧！

情緒調節是需要練習的。先察覺自身情感，再嘗試用理性或解決問題的方法應對，有時也可以選擇分散注意力，從中找出適合自己的方法吧！

04 我不知道自己是誰，也不懂自己想要什麼

智星最近突然覺得很空虛，不禁懷疑自己究竟為何而活？過去他以為只要找到穩定的工作，一切就會變得順利，所以一直以來都不停地往前奔。去年他晉升為次長，在公司裡站穩了腳步。雖然有時候很累，但是他盡到了身為家長的責任，讓家人享受著安穩的生活，對此他也感到十分滿足。

幾天前，智星經過母校的門口，看著朝氣蓬勃的大學生們，不禁想起了自己的大學時光。雖然當時也並非無憂無慮，但只要把自己照顧好即可，大學時期有很多夢想，如今早已不復記憶。一想到自己再也回不到那個時期，心底就湧現出某種悲傷的情緒。

人們通常把這種混亂的時期稱為「中年危機」。在沒有特殊變化，每天過著

忙碌奔走的日子時，我當然就只是我；但若碰上動盪的環境，或者生活中出現空隙時，就會突然驚覺：**「我是誰？這是我想要的生活嗎？我究竟該怎麼做？又是為了什麼而活？」**

這些問題，不會只在某個特定時期出現。二十歲時，對自己長大成人感到興奮；三十歲時，覺得自己現在「真的」該像個大人了；四十歲時，期待這個年齡應該實現某些目標，又會因個人定位而陷入焦慮。無論在哪一個時期，「我是誰」這樣的問題都可能迎面而來。突然好奇「自己究竟是個怎樣的人」時，應該如何找到解答呢？該怎麼做才能發掘「真正的自己」？

唯有認清自我，才能做出明智的決定

人生在世，有時免不了會想問：「我到底是個怎樣的人？」在自己深信不疑的生活方式產生動搖時、自認為做得很好卻感受不到滿足時，或者看到某個人秉持明確信念做事時，都會突然對「我」的主體性產生質疑——這就是思索

「自我認同感」的時刻。

「自我認同感」(ego-identity)，指的是關於「我是誰」的整體信念與感受，聽起來可能有點熟悉，又感覺有些模糊。首次提出此用語的是精神分析學家愛利克·艾瑞克森(Erik Erikson)，讓我們透過他的解釋進一步探討看看。艾瑞克森將自我認同感定義為「個人具有的持久性、單一性、獨立性或穩定性，也是個人自我意識到的一貫性」。簡單來說，就是清楚理解自身性格、能力、興趣、價值觀、人生觀、世界觀或未來觀，且這些必須擁有一定程度的穩定性與統一性。

讓我們舉個例子吧。平時不太讀書的人，某天偶然看到一本書很有趣，所以整天都認真地閱讀。即便如此，他也不會把自己定義成「喜歡閱讀的人」，因為過去的我和現在、未來的我之間缺乏了一貫性。**我喜歡什麼？我的性格如何？我具有什麼樣的價值觀？**假如可以輕鬆回答這些問題，且認為答案充分展現出自我面貌，就可以視為是具有自我認同感的狀態。但是，若從未想過這些問題，或者難以給出明確的答覆，那麼自我認同感可能尚未確立，或是正處於混亂的階段。

知道「我是誰」看似理所當然，實際上卻沒有那麼簡單。在諮商或教學現場，每當問到「你是個什麼樣的人」，也經常有人一時答不上來，或者露出猛然被點醒的表情。或許，正在閱讀本書的你也是其中之一。

「我是誰」這個問題雖然不易回答，但無疑是必要的自我探索。因為日後在面對眾多選擇時，它能幫助我們對自己更加確信。打算與某人建立深厚的關係時，若想知道自己與對方能否處得來、對方是不是合適的對象，就必須了解自己是個什麼樣的人。在決定出路時也不例外，「我是不是真的想做這份工作」、「有沒有能力把工作做好」，在面臨重要的決定之際，如果能知道「我是誰」，就能少走一些冤枉路。

青少年：自我認同感形成的關鍵時期

很多人以為自我認同感的確立只在青少年時期，之所以會產生這種誤解，或許是基於艾瑞克森提出的發展理論。艾瑞克森將心理社會發展分為八個階段，並提出各階段應該完成的課題，以及成功克服挑戰後可獲得的能力，其中位於第五階段的青少年期，主要的發展任務就是建立自我認同。因此，不少人誤認為只有青春期才會對自我認同感到苦惱，或者以為自我認同感的確立必須在青春期完成。依據艾瑞克森的理論，自我認同感的確是青少年時期顯著的課題，但人類一生當中，其實在各年齡層都會從重要的事物中發展出認同感。因此，**就算處於人生的下半場，也必須不斷地找尋自我認同。**

不過，青春期仍舊是集中思索認同感的關鍵時期，所以在理解自我認同感時，我們必須把焦點放在青少年時期。青春期時，身體會出現第二性徵，並產生急劇的變化。「我為什麼會這樣呢？」、「接下來會變成什麼模樣？」這種潛意識裡的不安，會讓人自然而然地開始思考「我是誰」。

就社會層面而言，青春期的孩子也經常接收到雙重訊息，這個階段是從兒童過渡到成人的時期，雖然已經不是孩子了，但也尚未完全成人。若想試著獨立，就會被斥責：「為什麼那麼任性，你懂什麼？」若選擇依賴他人，又會被叨念：「都已經長大了，怎麼到現在還這樣？你是小孩嗎？」在這種情況下面臨的混亂，會衍生為「我是誰、應該如何自處」的課題。

近來的父母們也知道青少年若想確立自我認同感，就必須有一段自我探索的時期。但是，他們仍然期待孩子們在苦思過後，會得出「啊，要努力念書考上好大學」，或是「在社會和經濟方面都要取得成功」這樣的答案。因此，只要孩子稍微偏離了軌道，他們就會指責：「不知天高地厚，一點也不懂事！」換句話說，父母們雖然給了孩子探索和苦惱的時間，但同時也要求孩子必須符合正確解答（父母想要的答案），形成潛在的壓力。

但是，也有些進步讓人感到振奮，例如歐美的學校會透過「空檔年」（gap year）或寄宿制學校（efterskole）等，讓青少年充分探索自我的可能性，並思考自己是個什麼樣的人，而韓國目前也在進行類似的嘗試。從廣義上來說，自由學期制就是其中之一，暫停準備升學考試，利用一年時間盡情發掘自我的奧德賽（odyssey）學校，或是鼓勵孩子「追求自由，釋放自我」的人生夢想學校等，這些大膽的嘗試正持續擴散中，著實是件令人開心的事。

當然，在人生的各階段都有可能發掘自我或陷入苦惱，不必因為錯過青春期就覺得遺憾。但是，在確立自我認同感的關鍵期，營造讓青少年得以活出自我的環境，是所有人都應該關注的社會議題。尋找自我認同感的這趟旅程，有時相當激烈，有時甚至具有破壞性。在分辨「自我」的階段，會排斥或無視與自己相異的人事物，青春期的孩子經常分黨結派，動不動就和大人產生矛盾，都是這趟旅程中的一環。

艾瑞克森曾在著作中寫道：「成功完成每個階段的發展任務，就會擁有信任、意志力、目的、能力、忠誠、愛、關懷、智慧等，而這些力量會跟著注入社會。」因此，積極支持青少年的自我探索，營造有利於確立自我認同感的環境，也有助於打造出富有品德的社會。

危機：發掘自我的絕佳機會

尋找「真正自我」的時刻經常與「變化」相伴而來，因為在承襲既有方式和行為時，根本不必考慮「我是誰」這個問題。但若遇到升學、就業、升遷、結婚、生育、離別等變動，就會開始思考「這樣的生活是否正確」、「怎麼做才符合真正的自己」。以不同的視角來看，變化也是一種危機經驗。

☀ 依據危機經驗與承諾劃分的自我認同感狀態

		危機（Crisis）	
		有	無
承諾（Commitment）	高	定向型（Achievement）	早閉型（Foreclosure）
	低	未定型（Moratorium）	迷失型（Diffusion）

雖然「危機」這個詞聽起來很沉重，但在探索自我的過程中遇到的危機，也可能是非常瑣碎的。例如某人經過時突然拋出一句：「你好像很適合當老師。」或是為了賺零用錢而開始的打工、準備很久的考試落榜、與覺得合得來的朋友產生矛盾等等，都可能是所謂的「危機經驗」。詹姆斯・馬西亞（James Marcia）特別重視在尋找自我認同感過程中遇到的危機，他以危機（又稱為探索）和承諾做為兩大指標，發展出自己的認同感理論。如上表所示，根據危機經驗與承諾兩個層面，認同感共劃分為四種不同的狀態。

還記得之前提到的智星嗎？長期以來都滿足於為家人犧牲奉獻，某天卻突然感到一陣空虛，他的自我認同感處於何種狀態呢？在陷入混亂之前，他大概從未經歷過危機，一直把重心放在扮演好家長與上班族的角色。這種狀態，屬於表格中的「早閉型」，也就是從未思考過自己是誰、希望過上怎樣的人生，只是一味忠於自己當下的角色。

「早閉型」的人雖然看似對自己的生活相當滿意，但人生的危機怎麼可能全部避得掉？他們也總有一天會經歷危機，而且屆時可能會遭遇更大的混亂。過去付出的努力與承諾愈多，就愈會感到無所適從。「早閉型」的原文為「foreclosure」，有扣押、典當的意思，如果想像成「探索自我的機會」被扣押，就更容易切身體會。

智星此刻面臨的危機，也是得以在人生下半場活出自我的機會。若能透過危機經驗重新認識自己，讓生活貼近自我的真實面貌，就可以視為「達成自我認同」。除了看起來處於最佳狀態之外，在許多研究中也顯示，進一步提升自我認同感至定向型的人，會表現出更高的自主性、獨立性與韌性。不過，即使現在的自我認同感屬於定向型，也隨時有可能再次重啟探索的旅程。**假如只藉由幾次有限的經驗，就過早地規劃或認定自我，可能會導致自己的機會受限。**此外，就算在眼下的危機中，覺得好像發現了真正的自我，這個「自我」也很可能在下一次的危機裡又遭到否定。

有些人從未思考過自我認同，對此也不甚擔心，這種狀態稱為「迷失型」。假如年紀尚輕，這種情形非常自然，但成年後若還是處於迷失狀態，就有必要問問自己：現在的生活是否滿意？我真的活得像自己嗎？此外，有些人雖然經歷過危機，卻還是無法認可其中的自我面貌。也就是說，他們難以在自我認同方面下定論，處於「未定」的狀態，還需要多一點時間了解自己。

根據自己目前的發展階段（生物學年齡*、社會角色等都必須考慮進去）和經驗，健康的自我認同狀態亦會有所差異。雖然不是每個人都一定要達到「定向型」階段，不過，「尋找真正的自我」，是每個人遲早要面對的課題。

生活開始瀕臨瓦解了嗎？大大小小的變化是否正迎面襲來？這種危機的時刻值得振奮。現在，就讓我們發掘自己的真實面貌，思考看看如何活出自我吧！

* 也稱為生理年齡，是相對於實際日曆年齡而言，身體機能狀況好壞的度量。

就算上了年紀，依然會有認同感危機

雖說透過危機可以找到真實的自我，理當開心地加以面對，不過，有些危機卻沉重得讓人高興不起來；所謂的「中年危機」，大概就屬於這個範疇。從幾歲開始算是中年，我們很難明確地定義。四十歲左右就開始進入中年了嗎？有些人覺得中年是四十歲，但有些人認為在百歲時代，五十歲都還算青春。無論從幾歲開始算是中年，在心理學領域，中年大多指的是各種令人不適應的特徵同時出現的時期。**雖然在身體方面，視力和聽力會開始減退，肌肉和骨質密度逐漸降低，還會出現性功能低下等情形，但智力和生產性卻達到了最高峰**。數十年來主導哈佛大學成人發展研究的喬治．範蘭（George Vaillant）教授，在追蹤哈佛大學畢業生時，發現他們在五十多歲和六十多歲時的生產效率，比年輕時更高。

那麼，為什麼多數人都對「中年」抱持否定態度呢？雖然無法仔細探究，但「中年危機」一詞應該產生了很大的影響。有幾位學者針對中年危機進行過研究，正在經歷中年危機的人，大多表示他們對停滯、無力、不幸、無趣、懷疑或自我認同等感到苦惱。或許這些都算是危機，但也是非常自然的現象，因為它們全都屬於發展的其中一個階段。

心理學家丹尼爾．J．李文森（Daniel J. Levinson），曾在其知名著作《男人的人生四季》（*The Seasons of a Man's Life*，暫譯）裡，針對中年心境做了許多分析。他解釋到：人在年齡增長之後，不是自然而然地適應那個年紀，而是分階段經歷所謂的「過渡期」。多麼有趣的理論啊！

從青少年到青年、從壯年到中年，直至步入老年的每一瞬間，沒有人能理所當然地適應變化。由於每個人都是第一次經歷這些過程，只能在自己面臨的危機中橫衝直撞。為了適應新的階段，各自孤軍奮戰的時間無可避免。

邁入中年之際也有一段「過渡期」，除了會質疑自己至今為止的人生、擔憂下半輩子該如何生活之外，亦會對目前已取得的成就感到滿足，也就是重新評估自己的生活。此外，人際關係也將進入一個全新階段：在家庭裡，我們會重新調整自己與配偶、孩子間的關係；在工作上，則會重新定位自己擔綱的角色。在這個階段，我們必須從學習、達成任務的新手，轉變為教導他人並將工作交出去的前輩。

如果在過渡期裡成功地重新定位自己，就能迎來人生的巔峰期。**沒有經歷過煩惱和混亂，當然也就沒有所謂的登峰造極**。換句話說，激烈的反思與嚴重的中年危機，都是在為自己下一刻的燦爛準備。

假如還是覺得中年危機很沉重，就試著想想卡爾・榮格（Carl Gustav Jung）的論點吧！他在《尋求靈魂的現代人》（*Modern Man in Search of a Soul*）一書中，強調人生的下半場必須有別於上半場，並提到：「我們不能依據上午的節目，去決定下午的自己要如何度過。」因為早上舉足輕重的事物，到了傍晚可能變得微不足道；上午的真實，也可能變成下午的謊言。人生必經的「中年危機」，或許是為了要在下半場活得精采。榮格指出：這段時間是自我修復的過程，也是平衡內在自我的個體化（Individuation）時期。此處的「個體化」，意味著發掘並實現真正的自我。

人類在生活中，會戴著社會賦予或個人想展現的「人格面具」（Persona）。或許在人生這部劇場裡，我們都在消化各種不一樣的角色：從乖巧的學生到親切的朋友、踏實的上班族、犧牲奉獻的父母等，我們扮演的角色各式各樣。每個角色的面具皆有其社會功能，然而，這副面具卻不等於自我的全貌。「中年」

是我們脫下面具，以真實面貌堂堂正正生活的時期。原本以為失去面具會變得四不像，但實際上心情反而更加輕鬆，更領悟到戴著同一副面具生活時，肩膀有多麼沉重。不過，人格面具並非只有負面效果，也不是只有摘下面具時才是真正的自我。**在必要時戴上面具，想脫掉時就勇於展露，即使沒有面具也無所謂的狀態，才是真正的自我實現。**

在中年這段時期，我們可以更進一步擺脫面具束縛，也能面對過去覺得敏感、完全無法提及的內心陰影。這些，都是因為我們一路走來承載情緒的器皿變寬廣了，才有可能得以實現。

筆者突然想起一位五十歲初、即將提早退休的中年男性。家境不甚富裕的他，高中一畢業就忙著為家中經濟出一份力，當然，他選擇的是只有高中學歷也能勝任的地方。他比任何人都還努力工作，很快就獲得了升遷，能力也得到認可，更組建了穩定的家庭。

不過，當我在諮商室見到他時，他表示自己從未喜歡過這份工作。一直以來，他沒有思考過喜歡與否的問題，只是盡自己的最大努力，直到真正面臨退休時，才感到無比的混亂。當時，他正準備卸下負責家庭生計、擔當穩定後援的「家長面具」，但過去那段時間，他沒有餘裕探索自己的真實面貌，長期以來都相信面具就是真正的自己。如今，**若失去「家長」這副面具，他不知道自己還剩下什麼，只感到無盡的空虛**。

在諮商期間，他就像孩子一樣透過大大小小的經驗，去探索自己喜歡什麼、在什麼情況下會感到開心。後來，他小心翼翼地說出自己幼時如果不必擔心生計，其實也有想學的事物。那一瞬間，他原本茫然空虛的表情，頓時恢復了生機。在人生的上半場，他發揮責任感與腳踏實地的態度，努力恪守本分，現在，是時候展現其他潛在才能了。

榮格曾經說過：人到了中年，內心會發生震盪，那是提醒你找回自我的信號，而真正的治癒就是成為自己。現在，既然知道自己的心隨時可能產生震盪，但願你在面對危機時能更加釋懷。

危機，歡迎你的到來！

懂了以後更輕鬆的心理學

人生就是探索未知的自己，和自己變親近的旅程

我們在人生的每個階段都會遇到變化、經歷過渡期和危機，**而這些危機，是我們獲得自我認同感的機會**。知道「我是誰」似乎理所當然，但要找到「真正的自我」，其實需要經過無數的自我提問與經驗。什麼是發現真正的自己呢？具體應該怎麼做？

現在的我，是適應文化和社會後的模樣

如同前文所述，針對「我是誰」這個問題，如果想給出較為穩定和一致的答案，亦即想擁有「自我認同感」的話，就必須了解自己是個什麼樣的人，心理

學將之稱為「自我概念」(self-concept)。自我概念的範圍相當廣泛，像是身高多少、長得是否好看、肩膀有多寬之類的「身體自我概念」；是否善於交友、受不受歡迎等「社會自我概念」；是否容易憂鬱、膽子大或小、會不會經常把笑容掛在臉上等「情緒性自我概念」；記憶力好不好、是否充滿創意等「智能性自我概念」。如果好奇自己擁有什麼樣的自我概念，只要試著自我介紹即可，你可以講出多少關於自己的事物呢？

人們通常認為自我概念就包含了真正的自己，但實際上並非如此。我們的自我概念，是受到文化、性別和環境影響的產物，出生和成長之地的文化，也會決定我們成為什麼樣的人。常言道，西方人具有「獨立自我概念」(independent view of self)，而東方人則是擁有「相依自我概念」(interdependent view of self)。在西方，有一雙藍眼睛，以及喜歡什麼、擁有何種價值觀是自我介紹的核心；而在東方，出生地、父母是誰、念過哪間學校、待過哪些公司等，才是自我介紹的核心。

美國賓夕法尼亞州立大學山姆．理查茲(Sam Richard)教授的教學影片，曾在Youtube上掀起一陣討論。在這段影片中，東方與西方的自我概念呈現出非常明顯的差異。理查茲教授將一名美國學生和韓國學生叫到面前，對他們提出類似下列的問題：覺得自己聰明嗎？擅長哪些事物？擁有哪些才能？認為自己是優秀的學生嗎？美國學生對自己喜愛和擅長的事物，都回答得相對明確，並自我評價為優秀的學生；而韓國學生則認為自己表現平平，應該更加努力。實際上，這名韓國學生在滿分四分的評量中獲得了三點八分，甚至提早兩年畢業。假如他是在美國出生長大，說不定會自評為非常優秀，或進一步取得難以超越的成就。透過這個案例，足以讓我們見識文化對自我概念的影響有多深遠。

和文化一樣擁有強烈影響力的就是性別（gender）。人們很容易將性別刻板印象歸類到自我概念當中，並忽略與性別形象不符的一面，抑或將之歸咎於環境。例如形容自己情感豐富、容易掉淚的女性，總是比男性來得更多。

除此之外，當下周遭情況也會對自我概念造成影響。如果穿著粉色熱褲站在一群穿著深色西裝的人中間，就會擁有自己與眾不同、時尚感獨樹一格的自我概念；相反的，假如走在所有人都穿著獨特服飾的時尚街頭，就會認為自己是個極其平凡的人。

在某些情況下，人們很可能把自己突出的一面歸納到自我概念裡，但實際上每個人的經歷都有其侷限性。你眼中的世界並非全貌，有時你的特別會被視為平凡，平凡也可能被看作獨特，各種情況都有可能存在。

自我概念中的某些部分，源自於一個人所屬的文化與背景。仔細審視一下自我概念吧！你是否從知名大學裡提早畢業，卻自認為平凡？只不過是表達出自己的意見，但在講求位階秩序的文化裡，就被認為是沒有禮貌又唐突的人？把呼應文化、社會與環境的那層自我概念剝除，真正的你是什麼模樣？哪些形象又是你自認為與性別不合的呢？

擁有多重面貌是正常現象

所謂的自我認同感並不是要找出一個真正的自己，**反而更近似於認識自我的不同面貌，並找到其中的連貫性**。那麼，在各式各樣的自我概念中，可以說有些是真的，有些是假的嗎？某些時候，我們在當下認定的真實自我，之後回想起來，可能也會覺得只是另一種假象。話雖如此，若自我概念受到文化、環境或性別等影響，與客觀樣貌相去甚遠或者扭曲的話，自然有必要進行修正。

近來擁有多種自我形象成為了趨勢，例如身兼上班族與學生的「Saladent」，或是一邊全職工作、一邊業餘寫作的「Salawriter」等，指稱兼具多樣身分的新造語愈來愈多，「斜槓」熱潮也印證了這種趨勢。像這樣，一個人具有多重自我認同的情形稱為「多重人格面具」(multi-persona)，意指現代人藉由跨越各種身分展現自己，如同根據場合變換面具一般。

萬能博士在教學時非常細心和熱情；在錄製Podcast節目時，會因為藏身於暱稱下而相對自在；在家裡扮演母親的角色時，雖然想盡量對孩子溫柔，卻很容易發脾氣；而做為妻子的她，則是既嚴格又冷漠。此外，對朋友來說，萬能博士是個可靠又完美的存在，但對前輩或親近的姊姊們而言，則是非常需要照顧的對象……在這麼多形象當中，哪一個才是真正的萬能博士呢？有些面貌會讓她感到滿足，有些模樣又希望不要為外人知，若要從中挑選一個真實的自我，其實她自己也選不出來。

擁有自我認同感、發掘真正的自己，說到底其實就是親近自我的旅程。試著回想一下和某人形成親密感的時候吧！當自己發現對方的多樣面貌，或是從未想像過、他人不知道的一面時，就會覺得彼此拉近了距離。與自己的關係又何嘗不是如此？若想明確地回答出「我是誰」，就必須徹底了解自己是個什麼樣的人。如同料理一般，準備的素材愈多，就愈能呈現出一桌豐盛的饗宴。

如果好奇自己擁有什麼樣的自我概念，只要試著自我介紹即可，你可以講出多少關於自己的事物呢？人們通常認為自我概念就包含了真正的自己，但實際上並非如此。我們的自我概念，是受到文化、性別和環境影響的產物，出生和成長之地的文化，也會決定我們成為什麼樣的人。

實踐看看吧

在遇到危機時，發掘真正自我的方法

1 改變對危機的看法

讓我們謹記：發展階段本來就包含了過渡期和危機，每個人都會遇到，而且這種危機通常令人感到害怕又陌生。不過，眼下經歷的混亂都很正常、自然，危機不是偶然發生，而是理所當然會面臨的，更是讓自己活出自我的機會。

2 在危機時刻，向自己拋出一些有用的提問

①我做了什麼，對我自己、他人、社會有什麼意義？
②現在的目標真的是自己想要的嗎？是否希望目前的狀態持續下去？
③我的生活現在發生了什麼事？
④眼下的危機意味著什麼？現在的情況又代表什麼？

⑤ 我的才能是什麼，應該如何活用？

⑥ 在沒有任何報酬的前提下，哪些事物會讓我毫不猶豫地想緊緊抓住？

3 嘗試一些與過往不同的行為

如果經常喝同一款飲料，不妨試試看新的口味；如果經常搭公車上班，不妨改搭地鐵看看；如果從未出席過同學會，這次不妨參加看看……透過新的嘗試，可以找到自己真正喜歡、想要的事物。

4 放下必須找到自我認同感的負擔

自我認同感沒有一定要在哪個時期完成，倘若內心感到焦急，就試著對自己這麼說：「我好像還有很多面貌沒有被發掘，但放鬆心情，走一步算一步吧！」

榮格曾經說過：人到了中年，內心會發生震盪，那是提醒你找回自我的信號，而真正的治癒就是成為自己。現在，既然知道自己的心隨時可能產生震盪，但願你在面對危機時能更加釋懷。危機，歡迎你的到來！

Chapter 2

充分了解真實的自我

潛意識是理解自己的關鍵，假如經常不由自主地出現類似的想法或行為，可能就是潛意識正在向你發出信號。雖然不免有些緊張與陌生，但不妨試著探索一下潛意識，面對困於其中的另一個自己，希望你能給他一個溫暖的擁抱。

05

我無法理解自己為何會這樣

恩日在同事們之間，是出了名的「難相處又尷尬」，即使面帶微笑向她打招呼，她也依然表情嚴肅；若丟出一些輕鬆的玩笑哏，她就會像聽到不該聽的話一樣，立刻板起臉孔。剛開始同事們也會想與恩日變親近，但現在已經知道她的個性，每個人都顯得小心翼翼。在一起工作時，若要求她提供協助，恩日就會表現出「難道我沒事做嗎？還是看起來好欺負？」之類的反應，讓周圍的人如履薄冰。恩日的行為模式，為什麼總像在發脾氣呢？

熙珍無法理解自己當初為什麼決定和眼前這個人結婚，這是椿所有人都勸阻的婚姻。待在不錯的工作崗位、過著穩定生活的熙珍，表示自己要嫁給一位沒有確切的人生計畫與工作的人時，大家都感到相當訝異。平常連買一件襯衫都會仔細比較的她，在婚姻大事面前卻毫不猶豫地做出決斷，認為自己終於遇到命運的另一半。但是，婚後沒過多久，原先大家為她憂心、完全可以預想得到的問題，就一一浮現，讓她不禁想質問自己當初為何選擇了這段姻緣。

人們通常覺得自己的行動和選擇都是有理由的，而且深信自己知道箇中緣由，或許你也是這樣認為。那麼，讓我們思考看看：你為什麼正在讀這本書呢？選擇在「此時此刻」拿起「這本書」的你，理由是什麼？剛好逛到書店，發現這本書陳列在暢銷排行榜上，而且書名也滿吸引人的（希望是這樣的理由）……各式各樣的理由會浮現在腦海裡。

再強調一次剛才的提問：擺在眼前的書那麼多，為什麼這本書會特別吸引你呢？除了閱讀之外，也還有很多事要做，為什麼現在你的手裡會握著這本書？一步步追問的結果，最終你一定會回答：「不知道。」雖然我們相信自己理解自身的行為和選擇，並且能對此做出解釋，但實際上大多時候我們並不知情；或許我們認為生活承載了個人意志，但其實很多時候我們是在沒有自覺的情況下說話、行動或抉擇，**亦即受到潛意識的操控。**

名為「內心」的巨大冰山，沉在大海裡的「潛意識」

對心理學感興趣的人，通常希望能藉此更清楚地理解自我，並進一步調整個人生活。當然，心理學也有這樣的功用，但身為心理學學者、Podcast主持人及勵志書作者，我們不得不承認一項事實：**愈是深入內心，就愈會發現自己不為人知的一面，連自己也無法完全了解自己**；愈是觀察自我和他人，就愈領悟到潛意識世界的寬廣與強大。

「潛意識」可定義為「無法被意識覺察的狀態」，也就是沒有辦法接觸的意識層面。潛意識會在沒有特別的想法或意圖之下自動運作，不是可以自由控制的心理活動。在描繪人類心理的動畫電影《腦筋急轉彎》(*Inside Out*)中，就出現了許多易於理解潛意識的場面。電影中主角的內心（正確來說應該是大腦）堆滿圓圓的球，每顆球裡都裝有人生記憶，而這些五彩繽紛的球，會隨著時間流逝逐漸失去光彩，最後變成灰色。

接著，那些完全褪色的球會被遺棄在「記憶垃圾場」，再也不會被想起來，我們可以將該處稱為「潛意識空間」。被丟棄的球看似沒什麼作用，但它們在

夢中卻扮演非常重要的角色。從電影中可以看到，「潛意識」並非完全消失，而是潛伏在暗處，於某些瞬間發揮極大的影響力。

提到「潛意識」，自然不能漏掉西格蒙德．佛洛伊德（Sigmund Freud）的理論。只要稍微學過心理學，一定對上面的冰山圖非常熟悉。「冰山一角」的說法其來有自，就像扎根於海底的大冰山，只有一小部分能被我們看見一樣，人類的意識也只有一部分會被察覺。佛洛伊德將人類的意識區分為能識別與控制的領域，以及雖然存在但無法提取、難以察覺的潛意識領域。

佛洛伊德曾提到：人類會受到潛意識的支配，雖然我們自認為可以控制自身的言行，但事實上並非如此。潛意識在暗處影響著我們每分每秒的言語和行動，哪怕只是一句話或一個小動作，都不曾脫離潛意識的範圍。換句話說，我們的言行皆受到潛意識的某個部分操控。據佛洛伊德所述，口誤並非單純的失誤，而是潛意識中的想法不自覺地閃現。

潛意識裡有什麼呢？佛洛伊德認為，性衝動、對生與死的本能等，皆存在於潛意識當中。雖然無法一一確認，但可以確定的是，潛意識裡包含了許多東西，如小時候的記憶、和某人分享過的情感、自認為不該有的想法、不敢奢望的目標、某些一閃而過的話語、自己不想承認的一面……等等。

潛意識優先，理由也許才是附加的？

佛洛伊德在治療身心痛苦的人們時發揮敏銳的直覺，說明了潛意識的存在，但並未以科學方法加以驗證。對於潛意識是否強大到足以左右人類的言行，以及潛意識中到底有些什麼，至今仍爭論不休。不過，現代心理學家透過多樣的研究，證明潛意識確實存在，而且對我們的行為產生極大的影響。尤其愈是深入觀察大腦，就愈承認潛意識的重要性。

現代科學認為，「心理」是大腦的活動，而大腦中有種名為「神經元」的細胞，會透過交換信號以處理信息。我們的大腦中有多少神經元呢？據說每個人平均有一千億個神經元。一千億已經是非常驚人的數字了，但不止於此，神經元像蜘蛛網一樣彼此連結（稱為突觸），一個神經元最多可以延伸出一萬個支線到其他神經元上。換句話說，我們大腦裡的連結網絡是一千億乘以一萬，計算後就會出現令人難以置信的數字……一後面竟然有十五個零——相當於一千兆，我們的腦中有一千兆個網絡！

如此多的神經元互相交換信息，假如我們全都知道，或都能掌握的話，那該有多累人啊？幸好不必一一深究。在我們未察覺的情況下，這些細胞也在各自進行活動，就算無從得知這一千兆個突觸分別傳遞什麼信息，它仍然隨時影響著我們。

另外還有一個有趣的研究，讓我們不得不承認潛意識的存在，那就是杜克大學華倫．麥克（Warren H. Meck）教授的實驗。他在研究結果中指出，面對同一個點，當人們在感到害怕或恐懼時，會認為它變得更大且看起來更近。參與實驗的人，只要簡單評估電腦螢幕上出現的點有多大即可，然而，就在他們未察覺到的瞬間，螢幕中會閃過驚訝或木然等表情畫面。不曉得受試者會不會覺得難以置信，那些他們未曾察覺的情感，竟然讓點的大小看起來不一樣！

那些在實驗中看到驚訝表情的人，評估出來的點都比原本的更大。因為驚訝的表情會在不知不覺中喚來恐懼，當產生這種感覺時，就必須仔細觀察眼前的事物，才得以保護自己免於危難，所以小小的刺激會跟著被放大。有趣的是，參賽者其實沒有意識到自己看到什麼表情、感受到什麼情緒，是根據潛意識裡儲存的刺激和情感，導致當下的判斷發生變化。

而內心深處的孤獨也會影響判斷。研究者以漸進的方式，將圖像從人臉逐漸轉換為娃娃的臉，並將這數十張照片輪播給受試者看，讓他們判斷圖像從哪裡開始變成了娃娃。實驗結果顯示，強烈渴望歸屬感（need to belong）的人，會將較接近娃娃的照片也判斷為人臉。在那一瞬間，潛意識中想要和他人來往的心情與孤獨感，為無生物賦予了生命。

如此說來，媽媽在肚子餓時，似乎也會對孩子們吃零食的情況更為寬容。因為媽媽感到飢餓，所以在潛意識中認為孩子也餓了。有時候，媽媽會對想吃餅乾的孩子特別嚴格，例如甜食不能吃太多、等等就要吃飯了、午餐沒有好好吃等等，理由不勝枚舉。然而，真的是因為這些原因嗎？別忘了，**無法察覺到的情感會影響人的行為，面對自己也難以理解的言行，我們會找出說得過去的理由，或者加以否定，認為一切不過是偶然而已。**

雖然反對種族歧視，但自己卻正在歧視他人

我們的態度也存在著表面與潛意識兩種。你贊成種族歧視嗎？幾乎沒有人會理直氣壯地表示贊同。這並不是謊言，而是因為大家打從心底認為種族歧視是不對的。然而，如果每個人都這麼想，那社會為什麼還不斷發生種族歧視？理由在於，我們除了有「不能以膚色分優劣」、「人人平等」之類可以意識到且易於表現的外顯（explicit）態度，還有藏在潛意識中的內隱（implicit）態度。

如何才能得知自己無法察覺的潛意識態度呢？研究者為了找到外顯態度和行為不一致的原因，進行各種嘗試，並開發出可檢測內隱態度的「隱含尺度」

（Implicit Association Test，簡稱IAT）。檢測程序雖然有些複雜，但原理非常簡單——與內隱態度相符時，反應速度較快；若兩者不一致，反應速度則較慢。

以IAT中最廣為人知的種族歧視為例：如果對黑人抱持著否定態度，那麼比起白人的照片，看到黑人的照片時，會更容易聯想到可怕、失敗、煩躁等負面詞彙，只是當事人平常沒有自覺。相反的，如果沒有對黑人抱持負面觀感，就可以快速地將黑人的照片與和平、喜悅、成功等正向詞彙做連結。IAT會精密計算這種反應速度的差異，藉此把握受試者的內隱態度。

雖然大多數人都表示自己對種族沒有偏見，但在將黑人的臉部照片與正向詞語連結時，反應速度卻慢了很多。不過，這並不代表他們都是說謊成性的人。相信我們追求的都是理想且正確的價值觀，而透過上述的測驗，可以確認自己是否具有潛在的歧視心態。

此外，IAT還可以檢視對於性別、年齡、職業或自我等多個領域的內隱態度，如果想知道自己是否帶有偏見而不自覺，可以到哈佛大學的IAT網站（https://implicit.harvard.edu/implicit/korea）上免費進行測驗。

匱乏和欲望在潛意識裡扎根，形成支配我的力量

你是個什麼樣的人？目前浮現在腦海中的各種想法，都相當於外顯的自我概念。不過，關於自我也有所謂的潛意識態度。**嘴上說著「我很珍貴」、「我是個不錯的人」，卻莫名地感到空虛與孤獨，而且當別人對我提出建議時，就會忍不住勃然大怒——倘若有上述這些情況，就應該檢視一下自己的內隱態度。**

前文提到的恩日，表面上看起來比任何人都顯得自信滿滿。不過，她的內心狀態卻有些不同，有時也覺得自己好像反應過度，或是太容易被激怒。在找出這種行為模式的根源時，她看見了幼時經常被批評、畏縮且膽怯的自我。

恩日在眾多兄弟姊妹裡排行老么，因此一直被當作孩子看待，而且不管自己做什麼都會被嫌不夠。於是，在她的潛意識裡，開始有了害怕被看輕的心態。就像小動物們遇到天敵時，會豎起毛髮讓自己看起來變得更強大一樣，在輕視與壓迫中長大的恩日，因為害怕他人發現自己內心弱小的一面，所以刻意表現得更為強勢。

針對自我的潛意識態度，也會影響配偶的選擇。表面上看似謙虛，但實際上

非常自戀的人，通常會和具有依賴傾向的人巧妙配成一對；前者本能地被樂於追捧他人、犧牲奉獻的人吸引，而後者則藉此滿足自己的依存欲望。

結婚前受到眾人勸阻的熙珍，每次戀愛時都會被問：「你怎麼跟那樣的人交往？」一直遇到與自己不合的人，熙珍也開始感到不滿，漸漸不在戀愛中付出真心。在婚姻生活變得危殆之前，她並沒有察覺到自己這種反覆的模式，經過無數次探查潛意識的提問後，熙珍才發現：原來自己無論何時都想成為最頂尖的人，希望獲得認可的欲望格外強烈。換句話說，她透過戀人來感受相對的優越感，滿足自己想被肯定的欲望。

倘若她在結婚前能意識到這股欲望，或許就會努力改善自己重複的行為模式，進一步思考為什麼想和這個人結婚、是為了滿足什麼樣的渴求、是不是非這個人不可，以及自己正在給予對方什麼樣的愛。假如戀愛的對象不斷更換，但相同的問題一直出現的話，就是時候檢視一下自己的潛意識了。**身邊的那個人，正填補著你的哪一塊潛意識呢？**

懂了以後更輕鬆的心理學

顯露自己真實的面貌，然後鼓起勇氣面對

不管我們怎麼努力，也不可能看清潛意識的全貌。但是，**若在生活中不斷發生難以理解或過分的情事，就代表潛意識有什麼話想說，必須先讓自己停下來思考。**仔細觀察潛意識如何影響日常吧！只要掌握自己得以察覺的部分即可。

心理症狀是潛意識拋出的求救訊號

潛意識最具代表性的行為是啟動「防衛機制」(defense mechanism)，也就是保護自己免於承受難以面對的焦慮或衝突。例如非常懼怕失敗的人，在碰到需要被評價的狀況時，焦慮感肯定會一擁而上，而這種情緒對他們而言太難消

化，所以會提前進入防衛狀態。不過，在尚未看清局勢前就展開防禦的話，有時會在不相干的地方建立堡壘，有時則會對一些細小的威脅過度使用武力。這所有的過程，都是在自己沒有意識到的狀態下發生，什麼情況要採用哪種防衛機制，並不是由自我的意識所控，而是潛意識做出的選擇。

潛抑

防衛機制的種類相當多元，而迴避焦慮最直接且簡單的方法就是「潛抑」(repression)，倘若在潛意識中阻止其蔓延，接下來就可以不必面對那些折磨人的過程。經常忘東忘西的人，主要的防衛機制可能就是壓抑，例如面對相處起來尷尬（亦指刺激到潛意識）的對象，他們便特別容易忘記與對方的約定，有時還會忘記重要的考試日期。此外，無法憶起幼年時的創傷經歷，也很可能屬於壓抑的一種。雖然遭遇了重大事件，但心理層面卻難以承擔，於是乾脆選擇忘掉這段經歷，如此一來更有利於生存。然而，**被強行壓制的欲望、衝動或記憶，不會永遠被束縛在潛意識中，有時會出現在夢境裡，有時則會不經意地脫口而出。**

否認

「否認」(denial)也是經常被使用的防衛機制之一，在難以如實接受某個事件、想法或情感時，就會將之進行扭曲，或是藉由個人的幻想在其中加油添醋。有時受到虐待的被害者，會表現得好像能理解加害者一樣：「他不是壞人，只是因為珍惜我、愛護我才會那麼生氣。」特別是無法立即從加害者身邊逃脫的年幼孩童，經常傾向以扭曲現實的方式來接受眼前的情況，因為唯有相信加害者的出發點是愛，才有辦法繼續生存。

投射

在完全無法接受自己內心的想法時，就會將之歸咎於他人或環境的特性，這種防衛機制被稱為「投射」(projection)。最具代表性的例子，就是正在減重的人一邊拿出蛋糕一邊說：「感覺你會想吃，所以我特地買來了。」或者明明生氣的人是自己，卻認為是對方向我發脾氣。另外，對於他人婚外情格外憤怒的人，也可能是一種「投射」現象。

反向作用&替代

心裡喜歡某個女孩子，卻故意把對方在玩的橡皮筋弄斷，這種「反向作用」（reaction formation）也是經常出現的防衛機制。有心儀的對象其實也無妨，但他們卻經常冒出與事實相反的想法與行為。暗地裡瞧不起上司，可是表現得格外恭敬，或是對討厭的人特別好等行為，也都是反向作用的體現。此外，還有一種防衛機制是「替代」（displacement），例如被父母責罵後無緣無故對弟弟、妹妹發脾氣，或在事情不如意時，就找比自己弱小的對象出氣，這些都是替代的典型事例。

合理化、退化&昇華作用

為事情添加許多冠冕堂皇的理由，以避免自己受到傷害，這種「合理化」（rationalization）的行為也是防衛機制之一；在弟弟出生後，就突然像回到嬰兒時期一般，開始回頭尋找奶瓶、尿床等，這種防衛機制則稱為「退化」（regression）。當然，退化的行為不只出現在孩子身上，當遇到尷尬的情境時，有些大人也會撒嬌，或者露出孩子氣的表情。此外，某些人會將自己的攻擊本能、性衝動或對離別的哀傷等融入藝術作品中，把不被社會接受的動機加以改變，轉換為足以被認可的行為，這種「昇華作用」(sublimation) 屬於較高境界的防衛機制。

體化症

每個人在生活中都會運用到防衛機制，防衛機制本身並不屬於負面行為，而是人們為了保護自己，在潛意識中自然產生的反應。不過，如果經常反覆或過度使用同一種防衛機制，可能就會引發後續的問題。其中最典型的狀態就是「體化症」(somatoform disorder)，較輕微的像是在考試前突然覺得肚子痛，或者在重要的行程前忽然頭痛等。曾經有位女性在年節前夕，因為面部麻痺而前往醫院就診，這種症狀又被稱為「轉化症」(conversion disorder)，原因在於她非常抗拒前往婆家，可是無法痛快地表達出來，最後就反應在身體上。

解離性身分障礙

除此之外，還有比體化症更極端的事例——「解離性身分障礙」(dissociative

identity disorder），指的是一個人體內存在著多種人格。從精神分析的觀點來看，這是被壓抑的欲望和衝動，改以不同人格的形式出現，可以說是壓抑的極端型態。

有些人可能會質疑這種行為是不是在演戲，為什麼會產生這種反應？其實，不管是什麼樣的型態，我們所看到的心理症狀，都是內心發出來的痛苦信號，是與潛意識互相拉扯時所拋出的求救訊息。假如你的內心正浮現類似的警訊，首要之務是給自己一點安慰。此外，基於自我保護而啟動的防衛機制，如果讓生活變得更加辛苦，也可透過意識化的方法進行調節。像是在感到焦慮或擔心時，只要理解、接納自己當下的情緒即可。

探索自己的潛意識

潛意識這個主題是從佛洛伊德開始的，現在，就讓我們重新回到他的理論上吧！佛洛伊德曾言：察覺潛意識就是治療的核心。潛意識本身不具危險性，但若拒絕承認其存在，就容易產生一連串問題。

還記得有一陣子綜藝節目上經常出現的「恐怖箱」遊戲嗎？透明箱子裡裝的東西，其他人看得見，唯有戴著眼罩的來賓完全不知情。從把手伸進箱子裡開始，當事人就會因為害怕而不敢深入；指尖一碰觸到什麼物品，就會突然嚇得驚聲尖叫。而已經知道箱子內容物的人，看著來賓的模樣則會覺得非常有趣。

探查潛意識的過程就是如此。因為不曉得裡面裝載了什麼，所以一開始會猶豫不決並感到害怕；如果指尖有任何奇怪的觸感，就會一心想著先逃跑再說。不過，就在自己用指尖摸索、掌握箱內物品的過程，表情也不知不覺地產生變化，**最後露出安心的微笑：「啊，原來沒有什麼嘛！」假如當初沒有選擇把手伸進去，就不可能感受到這樣的情感。**

就像用指尖去摸索物品的形貌一樣，自由聯想和夢境分析，就是描繪出潛意識的方法之一。所謂的自由聯想，指的是不受意識牽引、漫無邊際地跟著自己的想法流動。

筆者是個特別討厭雨天的人。那一天，雨下得特別大，煩躁的感覺也一擁而上。我思忖著反正今天已經毀了，不如試試看自由聯想法，放任想法接二連三地自由來去。提到「雨」會想到什麼呢？雨傘。校門口前密密麻麻擠在一起的雨傘，以及朝著父母飛奔而去的孩子們。但是，傘下沒有屬於我的空間，我只能在雨中一個人奮力奔馳，回家後也見不到母親的身影，我獨自打理著晚飯……對筆者而言，雨就象徵著過去沒有被填滿的溫暖與關愛。

此外，被壓抑的潛意識也經常會在夢中出現。假如反覆夢到相同情境，不妨仔細審視其中代表的意涵。夢境分析是非常細膩又專業的領域，如果有意願和需求，建議找專家進一步諮商。透過上述的努力，有機會把潛意識裡的意念拉進自己能夠察覺的區域。

就算難以全盤掌握也無妨

在處理潛意識的問題時，有一點請務必銘記在心：探索到的潛意識並非全貌，很可能只是千絲萬縷中的一線。雖然我們自認為已追溯到其根源，但下方或許還有更深、更廣的領域。說不定，潛意識浮出水面的那一小角，只是我們足以承受的部分罷了。

有些人會忘記幼時受過的創傷，然後又在某一天突然想起來，面臨難以承受的情感風暴：自己是否真的有過那樣的經歷呢？如果沒有的話，為什麼畫面會如此鮮明？倘若真的經歷過，自己又該如何理解那些事件？

諮商師是這麼對他們說的：**「現在的你，已經有足夠的力量去承擔那些情感。過去的你覺得把回憶埋在潛意識裡較為安全，自己也才能有力量撐下去；但現在的你似乎已經可以重新審視過去，並好好地消化那些情感。」**放鬆心情去迎接那些突然浮上水面的潛意識吧！至於那些還不願意露面的意念，就用自己的速度慢慢探索即可。

全盤地理解並控制潛意識，這種期待可謂幾近於幻想，但光是從中探索到一丁點蛛絲馬跡，都可以對生活造成極大的改變。此外，對覺察到的潛意識負責也很重要，如果知曉了內心的欲望、不安與衝動，就應積極尋找消解的方法。

潛意識是理解自己的關鍵，**假如經常不由自主地出現類似的想法或行為，可能就是潛意識正在向你發出信號**。雖然不免有些緊張與陌生，但不妨試著探索一下潛意識，面對困於其中的另一個自己，希望你能給他一個溫暖的擁抱。

放鬆心情去迎接那些突然浮上水面的潛意識吧！至於那些還不願意露面的意念，就用自己的速度慢慢探索即可。

實踐看看吧

不被潛意識擺布的方法

1 仔細觀察自己反覆的經歷

如果反覆出現某種想法或行為，相當於潛意識正在發出警訊，希望喚起你的關注。我為什麼會這樣？腦海中有什麼想法？這段經驗與什麼事件有關？試著任意地抛出這些問題，一定能發現潛意識中的自我。

2 不要馬上做出反應，在心中默數到十

如果情緒突然一擁而上，或是覺得自己即將陷入未知的潛意識當中，首要之務就是讓自己停下來，接著在心中默數到十，晚一點再做出選擇與反應。

3 試著了解自身的防衛機制

參考左側列表，觀察看看自己在各種情況下防衛機制啟用的頻率。如果說投射、否認、被動攻擊等屬於不適應型的防衛機制，那麼幽默、昇華及利他則屬於適應型的防衛機制。雖然很難做到，但偶爾使用一下適應型防衛機制如何？例如一笑置之，或是以具有建設性的方式表現。

心理防衛機制

- 虛張聲勢：表面上誇張、炫耀的行為或態度。
- 反向作用：壓抑自己難以認同的衝動，表現出完全相反的情感或行動。
- 認同：模仿、跟隨他人的行為。
- 被動攻擊：用被動的抵抗行為（如失誤、拖拖拉拉、沉默不語等），表現出對他人的攻擊性情緒。
- 投射：將不想承認的情感、願望、態度或性格投射到他人身上，認為那些不屬於自己。
- 替代：把從某人身上感受到的情緒，轉嫁到其他較不帶威脅性的人身上。

・否認：拒絕承認或逃避令人感到痛苦的現實。
・控制：操縱和利用周圍的人或事件。
・預期：預測未來內心可能產生的不適，提前制訂計畫或探索對策。
・合理化：為自己難以容忍的信念、態度或行為，賦予正當化的理由。
・解離：為了躲避情感上的苦痛，產生極端的意識扭轉。
・體化症：心理方面的矛盾展現為身體上的症狀。
・昇華：將不被容許的原始衝動或欲望，以符合社會規範的方式進行釋放。
・行動化：對未來毫無顧慮，即時性地把潛意識中的要求或渴望表現出來。
・利他：透過幫助他人以獲得替代性滿足。
・退化：退回比現在更年幼的階段，用該時期的方法來解決矛盾與挫折。
・幽默：以風趣詼諧的言語和行動加以應對。

06 現在的我是最佳狀態嗎？日子就這樣過下去沒關係嗎？

尚宇夫婦最近時不時就吵架，孩子進入學齡後，兩人更是經常起爭執，每次吵架的開端都是：「拜託你可不可以不要干涉那麼多？」

尚宇原本是一位細心、踏實，把勤儉當作習慣的家長，妻子也喜歡他的這種特質。但是，隨著孩子一天天長大，夫妻兩人開始產生了矛盾。如果想為孩子買點東西，或只是訂一本測驗卷而已，都必須得到尚宇的同意，而且一旦展開了新事物，就一定要拿出像樣的成果。

妻子已經熟悉了尚宇的性格，有些方式她也可以認同，但孩子卻不一樣。尚宇每天都要追蹤孩子在學校是否表現良好、新買的測驗卷有沒有超前進度、房間整理得乾不乾淨，導致孩子開始對爸爸感到畏懼，平時也顯得相當焦慮。看著孩子變成這副模樣，生氣的妻子終於忍不住抱怨：「你簡直讓人快窒息！」

妻子希望尚宇能學會適當的滿足，但尚宇總是覺得只要再努力一點就能做得更好，不懂為什麼要停下來。如果在一定的程度上獲得滿足，他害怕目前的生活會就此崩塌。

尚宇雖然強調自己只是「用心生活」，表現出來的卻是典型的完美主義。他總是訂下極高的標準，又覺得無法達成目標的自己能力不足。近來隨著「不完美也無妨」的認知與生活態度成為趨勢，很多人開始對完美主義的缺點產生了共鳴。不過，仍然有些人認為追求完美是過好生活的必要條件，或者有些人想卸下完美主義，卻因為無法從中擺脫而倍感苦惱。更重要的是，還有很多人不曉得自己是完美主義者，而一直在日常生活中懷抱著不滿。

完美主義者，可能不知道自己有完美傾向

完美主義指的是在實現某項目標時，深信自己必須不斷努力，以達到完美的境界。然而，「完美」打從一開始就不存在。完美在古時有「完璧」一說，意指將環狀的寶玉守護得完好無缺。希望裝飾在身上的寶玉毫無瑕疵，但無論再怎麼小心翼翼，也一定會沾到手部的髒污——這件事從一開始就不可能達成。

在現實生活中也是如此，**你曾達到過完美境界嗎？投入大量時間與精力寫的報告，最後還是會被主管挑到錯字與漏洞；**已經趨於極致的作品，依然會受到評論家的批評。想達到根本就不存在的完美境界，只會令人疲憊不堪。

完美主義在學術上有各式各樣的定義，開發出完美主義量表的知名專家大衛．伯恩斯（David Burns），形容完美主義者「設定出難以觸及的高標準，並強迫自己必須達到，是完全以生產效率和成就衡量自身價值的人」。認定目標的必要性並隨之採取行動、用比現實更嚴苛的標準要求自己、設定過高的目標，自我批評時毫不留情等，在完美主義的眾多定義當中，「訂立高標準」是其共同的特徵。

有完美傾向的人，似乎對每件事都會竭盡全力，但實際上並非如此，完美主義也會以各種不同的面貌呈現。他們雖然訂下極高的標準，並且努力想讓自己達到，但現實不可能永遠順心如意。因此，他們有時會展現出積極認真的一面，有時又會基於非做好不可的壓力，而出現深感挫折、自暴自棄的模樣。**因為擔心自己做不到一百分，所以乾脆在開始之前就放棄，或總是想找一個冠冕堂皇的藉口脫身**，所以在拖延症的類型當中，也有一項是起因於完美主義。

完美主義者的問題，在於過度殘酷地批判無法達成目標的自己，並為此經歷一連串的負面情緒。他們相信任何問題都有完美的解決之道，而自己必須找到那樣的良策。倘若成果令人不滿，一定是因為自己沒有找對方法，或是執行得不夠徹底。因此，以旁觀者的角度來看，最終成果已是可圈可點，但他們仍會覺得自己的表現差強人意。來自他人的稱讚不是安慰或肯定，只是不懂得何謂完美、卑劣的自我滿足罷了。

有些讀者可能會好奇自己是否具有完美傾向，因此，本書挑選出幾個完美主義者的重要特徵（P.140），每一項皆具體描繪出其形象，只要大致瀏覽過去，就可以明確地掌握何謂完美主義。與自己符合的項目愈多，具有完美傾向的可能性就愈大。

藉由這個測驗，萬能博士也發現自己雖然看起來不像完美主義者，但內心卻帶有完美傾向。平常她認為自己心浮氣躁又糊里糊塗，但在看學生給的期末教學評鑑時，經常會出現有始有終、細心嚴謹、教學計畫周全等評語。就像這樣，**很多人雖然具有完美主義，但本人卻沒有意識到**。以下的測驗可以由自己單獨完成，也可以委託熟識的朋友為自己圈選，最後再比較兩者的結果。

完美主義者的特徵

- □周邊的人都認為我是計畫周全、自我管理徹底的人。
- □我做的事大多無法滿足自己的標準。
- □如果在工作過程中發現失誤，就會覺得自己整個專案都失敗了。
- □總是因不為人知的壓力而過得毫無餘裕。
- □面對學習或工作，都會變得過度緊張和敏感。
- □自我標準較他人來得高。

- □屬於對自己嚴格的類型。
- □對他人負責的工作不甚滿意。
- □對自身的失誤（失敗）或他人的指責經常感到糾結。
- □為了檢查細節是否無誤，經常會不斷反覆確認。
- □喜歡把物品收拾得乾淨俐落。
- □人們期望我是完美的。
- □對自己珍視之人也設下很高的標準。
- □容易拖延或陷入倦怠。
- □很難應付需要同時處理多件事情的狀況。
- □經常用二分法思考（要做就做到最好，否則乾脆就不要開始）。
- □經常沒來由地感到疲勞或身體不適。
- □屬於杞人憂天的類型。
- □盡可能地避免冒險，習慣待在自己熟悉的環境。
- □對於很多活動都覺得是自己必須完成的義務，過程一點也不享受。

若經常感到焦慮或自我貶低，請試著留意自身狀況

完美主義者在社會關係中也會表現出獨有的特徵。他們對自己訂下很高的標準，認為他人也會用一樣的基準評價自己，所以很容易就覺得某人對自己帶有批判性，或將人際關係視為一種威脅。明明是自己想把事情做到滿分，卻反過來認為是他人期待自己達到完美的境界，甚至對此倍感壓力。此外，他們也害怕自己若顯露出不完美的一面，就會被世界拒之門外。因此，完美主義者會過分追求他人的認可，或乾脆在社會上與人保持距離。

完美主義者不只在某個領域追求滿分，更希望人生方方面面都要臻於完善。除了自己的表現、外貌與人際關係，他們也會要求周遭的人把一切都做到完美。因此，就像前文提到的尚宇一樣，他們會為家人、朋友和同事都設下很高的標準，並且強迫對方必須達成；假如對方不能與自己抱持相同的生活態度，他們就會暗地裡瞧不起對方。

此外，愈是具有完美傾向，就愈有可能罹患飲食障礙症、憂鬱症、焦慮症或強迫症等。除了難以從客觀角度看待自身成就，總覺得自己能力不足之外，還

會長時間為一些小失誤糾結，陷入自我貶低當中。

宣美擁有苗條的身材和出眾的外貌，不過她每天連一餐也沒有確實吃，只用一顆蘋果和一片餅乾支撐。雖然周圍的人紛紛表示「你哪裡需要減重啊？」，但無論再怎麼勸說都沒有用。此外，宣美在學校也取得了頂尖的成績，可是她依然認為自己能力不足。與投入念書的時間相比，她認為自己拿到的成績不算好，或者覺得教授給的都只是同情分而已。像宣美一樣偏向完美主義的人，經常會看輕自己的成功經驗與成就，只把注意力放在失敗之上。他們習慣不斷檢視自己，擔心遭遇挫敗，所以總是處於不安和憂鬱的狀態中。

「必須得做好、一定要完美」，總是因焦慮而倦怠的人們

為什麼必須做到完美？又因此而產生什麼樣的行為？根據這兩者的差異，完美主義者也有各種不同的面貌。一提到完美主義，腦海中通常會浮現獨自埋頭努力的人，但也有些人是期待他人毫無瑕疵，或者深信自己必須完美才能符合

他人的期待。

保羅．休伊特（Paul Hewitt）和戈登．弗雷特（Gordon Flett）根據完美主義的來源（完美主義是因自己或他人要求）、對象（對自己或他人行使完美主義），將之分為三個向度。一般我們所熟知的完美主義，可以說是自我要求或是自我導向型（Self-Oriented Perfectionism），也就是對自己非常嚴格，所以最難受的人也是自己。

其次，也有一種類型是要求配偶、子女或身邊的人必須做到滿分，亦即對他人設下極高的標準，並且嚴格予以評價的「要求他人型」或「他人導向型」（Other-Oriented Perfectionism）。最後一種類型，是相信社會對自己抱有高度期待，稱為「被人要求型」或「社會期許型」（Socially Prescribed Perfectionism）。換句話說，他們認為「別人希望我變得完美」、「這個社會只認可完美的人」、「若要融入社會，就必須做到完美」。

完美主義所引發的後續行為也相當重要，一般分為「適應性」與「適應不良」兩種類型。適應性的完美主義者，重視在努力過程中獲得的喜悅與價值，即使最後達不到一百分，也樂於接受實際的情況和結果。他們的行為動機不在於得到他人肯定，而是希望讓自己變得更好。反之，適應不良型的完美主義者通常得不到滿足，面對新的挑戰經常陷入不安與混亂，且行為動機是因為害怕失敗。簡單來說，**上述兩者雖然都具有完美傾向，但適應性的人在努力之後會甘願接受結果，而適應不良的人則對結果相當執著。**

假如希望自己的完美傾向能帶來健康的努力和發展，就要時刻提醒自己「盡人事，聽天命」。這句話的重點不在於「安守天命」，而是要「盡己所能」。仔細觀察那些自稱具有完美主義的人，就會發現他們很多時候不過是杞人憂天。**擔心與努力終究不同**，整天擔心自己有無遵守計畫、能否達成目標，為此消耗過多的能量，只會讓生活趨於慢性疲勞，並不等於真正的付出或努力。因此，希望你能把精力集中在對的事物上，然後理智地接受現實。

過分的期待與控制，對自己和他人都是折磨

當完美主義長期內化，成為性格的一部分時，就可能出現所謂的強迫型人格

——過度在意順序、完美或管控等，缺乏變通性，並且會為自己和他人設下不合理的高標準。前文提到的尚宇，有很高的機率會被醫師診斷為「強迫型人格障礙」，亦即具有強烈的義務感、吝嗇、執著於成就，情感表現壓抑，對金錢十分敏感。此外，他們對任何事物都捨不得放手，也拒絕日常中的微小改變。

強迫型人格大多源自於嚴格的家庭教育，尚宇也是在嚴父的教養下長大，被規定用餐時絕對不可以講話，或是沒必要時就不能開著電燈。當時的尚宇對父親的管教倍感鬱悶，如今卻不知不覺地把這種模式強加在子女身上。

以精神分析理論來看，強迫型人格與嚴格的超我有關。人類的自我可以分成遵循現實原則的自我（ego）、崇尚快樂原則的本我（id），以及謹守道德原則的超我（superego）。假設「立刻就想滿足吃、喝、睡欲望」的是本我，那麼覺得「不可以這樣，必須再忍一下」的就是超我，而自我的作用，就是在兩者之間取得適當的平衡，以符合現實的方式付諸行動。

唯有本我、超我與自我三者形勢均衡，才能享受健康的生活；如果超我太過強勢，就容易變成強迫型人格。一般來說，如果父母對子女期望過高，並且管控得相當嚴格，孩子在成長過程中就會產生嚴苛的超我。

當然，父母嚴厲也不一定就會導致子女具有完美傾向或強迫型人格，在抱持著完美主義的父母底下長大的孩子，大致可分為三種類型：像尚宇一樣無論如何都要達到標準的強迫型人格；似乎再怎麼努力也達不到標準，所以乾脆一開始就不要嘗試的迴避型人格；以及認為老是達不到標準的自己非常無能，只想仰仗他人協助的依賴型人格。

我們一定都不希望子女、配偶或身邊珍視的人因為自己的性格而受苦，把這種傾向原封不動地傳承給下一代，也不是我們樂見的情況。因此，但願你能仔細觀察一下自己，**平常會不會用「才這種程度」強迫自己或他人達到完美，以及對自我的嚴格評價是否曾擴及他人身上**。

偶爾犯了錯也沒關係，繞點遠路也無妨

追求完美並不一定就會變得完美，且就算幾近於圓滿，也不代表人生就會更加幸福。愈是希望凡事都達到完美的境界，與現實的隔閡就會愈大，最終只會徒增自己的愧疚感。有什麼方法可以擺脫完美主義，讓生活變得自由，在日常中學會知足呢？

承認吧！這個世界上沒有完美

漫心先前曾買了一輛新車，但遺憾的是，交車才不過一個星期，車子就因為意外而送修。開著檢修完的車返家時，漫心在方向盤後方摸到一個細小的孔，每次轉動方向盤，就覺得那樣的觸感很讓人心煩。苦惱一陣子後，她又再度前往修車廠，而工作人員也確認的確有孔洞，答應重新為她修理。不過，幾天後漫心前往取車，職員尷尬地笑著說：「這款新車的方向盤後方本來就有孔。」因為是剛出不久的款式，所以工作人員也不太熟悉。

有趣的是，在那之後，漫心就不再介意方向盤後方的孔洞了。原本一想到可能是缺失，就忍不住鑽牛角尖，心裡充滿煩躁；如今得知這是新車出廠時的設計，就不再大驚小怪了。而這個事件，就是漫心領悟完美主義的契機。

如果接受世界上根本沒有「完美」的存在，那麼即使發生一點小失誤也無妨；假如一直認定必須做到百分之百，那麼一丁點瑕疵都會讓人覺得刺眼。盲目地認為自己或他人可以達到完美境界，心中就免不了抱有期待，於是，當看到某人有缺陷或漏洞時，就會想趕快彌補或替換。不過，如果轉念一想：**「其實每個人都有缺點，本來就不可能十全十美」**，那麼下次再發現某人的缺失時，就相對能平和地應對。只要承認「完美」打從一開始就不存在，便足以將自己從完美主義中解放。

倘若你認為自己並非在追求完美，那麼就先試著暫停下來。你所認定的「基本」，對某些人來說或許就是絕對無法到達的「完美」。

透過自身經驗，徹底接受沒有「完美」的存在非常重要。萬能博士在育兒的過程中，深切體會到不可能凡事都追求圓滿，也因此變得更加游刃有餘。在養育孩子之前，她一直相信「只要努力就能達成目標」，所以總是要求自己再加把勁。

不過，育兒卻是完全不同的情況：不管再怎麼努力，都無法保證孩子不會生病；就算傾盡全力製作離乳食，只要孩子不張嘴，一切都是白做工；雖然打算利用孩子睡著的時間把延遲的工作進度補上，但用盡所有哄睡的方法，也無法強迫孩子閉上眼睛，不要睜大圓滾滾的眼睛盯著媽媽……在親身體驗「不是任何事都只要努力就會達成」後，萬能博士才開始放寬對自我和他人的標準。

現在或許難以想像，小時候漫心在整理筆記時，只要發現有一個字寫錯，就會把整頁撕掉重寫。雖然筆記不需要給任何人檢查，但她不容許自己做的事有任何誤差，是個小小完美主義者。後來，在日常生活中經歷各種挑戰、失敗與失誤的洗禮後，她開始接受世上沒有所謂的完美，才漸漸能從中獲得自由，並學會各種自我調適的方法，轉變為適應性的完美主義者。

就算做不好，你也是值得被愛的存在

為什麼要執著於完美呢？在力求完善的背後，似乎藏著這樣的思維：唯有把事情做到最好，才能獲得他人的肯定與關愛。或許難以置信，但具有強烈完美傾向的你，其實不是非得要十全十美才能被認可——不夠好的你，也有被愛的資格。

讓我們再重新回到尚宇的案例。小時候尚宇不管做什麼父母都不滿意，總是表現出「如果再努力一點，應該能做得更好吧！」的態度，但即使他拚盡全力、拿到更好的成績，父母的期待依然沒有盡頭。因此，尚宇開始覺得是自己做得不夠好，所以才得不到父母肯定，必須更努力才行。「只有完美才能獲得關愛」，這樣的信念，在他的內心深處日漸萌芽。

升上小學的孩子第一次接受數學評量，是在一個單元的課程結束後，確認孩子理解到什麼程度的小測驗。回家後孩子笑著對媽媽說：「媽咪，我數學考了八十分！」「八十分？你哪裡答錯了？」假如媽媽自然而然地先關心孩子不足的部分，就相當於在不知不覺中表現出完美主義傾向。孩子拿到了八十分，正為此感到雀躍時，卻被媽媽一連串地追問：「哪一題寫錯？為什麼不會？你是怎麼算的？其他同學考幾分？」這些行為，只會讓孩子覺得：「原來八十分是『考不好』，媽媽看起來不太開心，我好像做錯了什麼……」

但願你可以在日常生活中累積「做錯了也無妨」的經驗，與其聚焦在缺失上，不如學習對已擁有的部分知足。試著坦率說出自己的不足吧，**就算某些地方做得不夠好，你仍然值得被愛。**

別忘了，完美主義所帶來的負擔感，反而會使你變得懶惰。國際企業Airbnb的共同創辦人喬．傑比亞（Joe Gebbia），也是透過諮商發現自己具有完美主義。他總是覺得自己能力不足，不曉得能否做好企業領導者的角色，為此倍感焦慮。

不過，職員們的評價與他的想法截然不同，大家都認為他過於鑽牛角尖，每件事都堅持按照計畫進行，是個徹頭徹尾的完美主義者。藉由他人的反饋，傑比亞意識到自己追求完美的性格，正對公司和員工的成長造成妨礙，在試圖改變自我的過程中，以下三個概念是他認為最有效的：

・即使產品不夠完美，也足以走出自家大門。
・快速的決策可能優於遲來的應對。
・凡事達到百分之八十即可。

這是他銘記在心的三個座右銘。與其為了取得完美的成果而畫地自限，不如先跨出去嘗試、體驗，再一步步改進與完善。比起追求一鳴驚人，跨出第一步更加重要。

實踐看看吧

與其追求完美，不如讓自己過得知足

1 謹記自己不是全知全能的神

如果一直覺得自己能力不足、必須再做得更好，為此倍感痛苦時，請反覆默念下面這三句話：

「完美並不存在。」

「即使不完美也無妨。」

「我們都只是人類而已，每個人都有可能犯錯。」

歌德（Johann Wolfgang von Goethe）曾經說道：「只有神才是完美的，人類不過是渴求完美。」你還不斷在追求十全十美嗎？別忘了，你也只是人而已。

2 先指出自己的優點

完美主義的傾向愈強，就愈會本能地發現自身缺點，把焦點放在失誤的部分。無論成績多麼亮眼，都會鑽牛角尖地想找出其中的缺失。若能先細數自己做得好的地方，缺點就會變得不那麼顯眼。

3 停止無謂地擔心，把注意力放在努力上

盡力扮演好自己的角色，剩下的就交給老天爺吧！但願我們都能把「盡人事，聽天命」這句話銘刻在心。如果感覺到焦慮的情緒不斷襲來，那麼，現在是時候付諸行動了。制定出「與其坐著擔心，不如立刻採取行動」之類的簡單公式，也能對生活產生一定的幫助。

07
看到比自己優秀的人，就總是變得畏縮怯懦

範鎮在一年前轉職到新公司，但同事姜宇的表現讓他如芒刺在背。無論處於何種情況，姜宇都可以毫無顧忌地提出個人想法，並且懂得行銷自己。此外，姜宇的人脈與資歷也相當出色，在職場生活中如魚得水，獲得了主管們的肯定。因此，範鎮發現自己在姜宇面前，變得愈來愈微不足道。

某天，範鎮開始覺得姜宇讓他很不舒服。在檢討一起撰寫的報告內容時，他發現對方負責的部分出現失誤。原本擔心是自己理解錯誤，所以他再三地重新檢查、確認相關內容後，才小心翼翼地提出質疑：「姜宇，這裡的數值計算沒錯嗎？據我所知，好像應該以A公式計算，但這邊套用的是B公式。」

聽完範鎮的想法，姜宇也檢查了一遍資料，然後漲紅著臉、提高嗓門說道：「我不曉得您以前是怎麼算的，但這裡是套用B公式沒錯。採用B公式是最近的新趨勢，可能因為您之前待的公司是傳統製造業，所以技術沒有更新。只要按我說的做就好了。」

姜宇的這番話讓範鎮非常尷尬，對方似乎刻意貶低他的經歷，感覺顏面盡失的他心情很差。此外，姜宇的反駁充滿自信，令他忍不住懷疑自己是不是哪裡弄錯，所以也沒有再追問下去。

幾天後，事情的發展更是荒唐可笑。在正式完成的報告裡，範鎮先前指出的錯誤改成了套用A公式，也就是說，姜宇暗地修改過報告內容。「原來我的認知沒錯！」範鎮看到後雖然鬆了一口氣，但也因為姜宇絲毫沒有向組長提到這部分而感到憤怒，甚至覺得他非常卑鄙。

鬱悶的範鎮和朋友分享了這件事，也提到自己在高自尊的姜宇面前，表現得太過軟弱和畏縮。朋友回應：「那個人好像不是高自尊，而是自尊心很強……」高自尊和自尊心強？範鎮對此感到困惑，不曉得兩者究竟有什麼差別。

自尊感低、自尊心強的悲劇

不少人都和範鎮一樣，分不清自尊感與自尊心的差異，將兩者混為一談。其實，自尊感和自尊心是兩個不同的概念，只要確切理解上述兩個相似的用語，就可以更懂得如何提升真正的自尊感。

「自尊心」是不屈從於他人，堅守個人品格的態度。相反的，「自尊感」是守護自我品格，懂得自我尊重的心態。從這樣的定義中，可以稍微看出這兩者的差異，而其中最主要的關鍵，在於對象是「他人」或「自己」。如果說自尊心是希望獲得他人的尊重和支持，那麼自尊感就是我對自己的尊重與熱愛。換句話說，兩者最大的差異，**就是評價的基準在於別人還是自己。**

以韓國人自尊心為題的某項研究，也用類似的脈絡進行解釋。該研究指出，在韓國文化裡，人們平常不太會意識到自尊心的存在，直到因為某件事或契機「受傷」後，才會發現自尊心的重要。此外，自尊心受傷的契機，大多是人際關係之類的外部事件。相反的，「自尊感受損」這樣的表現平常很少使用，聽起來也很拗口。自尊感不會受他人或事件左右，而是個人平時對自我一貫的感覺與想法。

自尊心是在與他人的競爭和比較中，持續處於優勢地位時才得以維持的情感，或是只有在他人給予自己高度肯定或禮遇時，這種情感才能趨於穩定；若非如此，自尊心就會受到傷害。但問題在於，上述情況都是不可控的領域。自尊心會受外部影響而產生波動，因此，自尊心強的人，對他人的反應總是顯得特別敏感。

當然，不能用過於負面的角度看待自尊心。就像上述的定義：「不屈從於他人，堅守個人品格的態度」，假如能不對他人卑躬屈膝，盡力維護自己的操守，也可能從中累積正向經驗。例如我們在使用「守護自尊心」之類的表現時，自尊心就是保護自己的最低防線，也是保有人類尊嚴的最後一道關卡。說到底，我們要衡量並做出選擇的分界，在於**「只樹立強烈的自尊心」，還是「維持自尊感並守護自尊心」**。

那麼，「維持自尊感並守護自尊心」，和「缺乏自尊感只樹立強烈的自尊心」，兩者到底有什麼區別呢？像後者一樣自尊心過強的人，表面上看起來可能也具有高自尊感。由於外表強勢、說話大聲，又能坦率地表達個人情感，經常讓人誤以為他們非常尊重、肯定自我。尤其像範鎮那樣自尊感低落者，在姜宇這種類型的人面前，更是會變得畏縮和謹慎。

不過，當我們仔細觀察自尊心過強者的內心狀態，就會發現他們大部分自尊感都很低，而且抱有很深的自卑感。因此，他們有時會反咬對方一口，藉機貶低對方，或是刻意自我炫耀，表現出矯揉造作的一面。例如在公共場合質問他人：「你知道我是誰嗎？」談起倚老賣老的「六何原則」*，或是對方明明沒有問，他們就急著細數自己華麗的人脈和經歷，這些都是非常典型的案例。自尊感低的人，總是對自身的價值感到懷疑，需要有人時不時地給予認同。因此，他們會故意到處炫耀或者裝腔作勢，經常擔心自己得不到肯定與尊重。

自尊感低、自尊心強的人，對他人的批評會表現出高度防禦，或在回應時顯得感情用事。此外，在自尊心瀕臨崩潰的情況下，甚至會毫不猶豫地說謊，或者做出不正當的行為。他們對自我價值的肯定並非來自於內心，而是取決於他人或世界，以致於產生這樣的悲劇。在面對這類型的人時，切勿感到畏縮或怯懦，試著看看對方那令人同情的靈魂吧！

那麼，自尊感健康的人擁有什麼樣的特徵呢？所謂的自尊感，是相信自身具有存在的價值。專門研究自尊感的心理學家、《自尊心：六項自尊基礎的實踐法》（*The Six Pillars of Self-Esteem*）作者納撒尼爾・布蘭登（Nathaniel Branden），認為自尊感是由兩大要素所構成：

第一，相信自己有資格享受幸福，懂得自我尊重。

第二，在生活中遭遇困難時，相信自己有足夠的能力應對，亦即所謂的「自我效能感」。

換句話說，自尊感高的人，認定自己值得擁有幸福，並且有信心能克服困難。因此，他們自我尊重的態度，不會受外界的評價或反應操控。

話雖如此，自尊感高的人也並非對他人的話語或行動完全免疫，不過，他們懂得衡量對方的反應是否合理，再考慮予以接納或置之不理。就算在人際關係中受到傷害，也不會因而減低對自我價值的確信。當有人提出合理的批評時，

＊此處的六何原則暗指行事老派、思想固執，故意裝腔作勢：Who＝你知道我是誰嗎？What＝你懂什麼？Where＝你以為這是哪裡，竟敢這樣！When＝那些我以前全都做過！How＝不然現在要怎樣？Why＝我為什麼要？

他們可以放寬心胸地接受，但不會與個人價值混為一談。也就是說，他們能意識到這些意見是針對某些情況或特性，而不是否定自己的全部。

姜宇在被指出失誤時，表現出憤怒、合理化及防禦的姿態，因為他的自尊感低落，所以將範鎮對報告提出的意見，視為對個人價值的攻擊。

自卑感會造成的問題

正如前文所提到的，倘若缺乏自尊感，只顯示出強烈的自尊心，那麼內心很可能存在著自卑感。而自尊感愈是低落，自卑感就會愈加嚴重，兩者的關係密不可分。

韓國在網路上曾經流行過「劣爆」一詞，是「劣等感爆發」的縮語，這個新造語指的是「在對方面前感到自卑，所以對一點小事也表現得過度激動」。這個詞雖然被當作玩笑話一般使用，卻如實地反映出未能處理好自卑感，對瑣碎事物也會反應過度的問題。我們常以為只有某些人才會有自卑感，但事實上，每個人都免不了有感到自卑的部分。在他人眼中十分帥氣、優秀的人物，也會因為某種自卑感而覺得痛苦。

提到自卑感，我們腦海自然會浮現心理學家阿爾弗雷德．阿德勒（Alfred Adler）。根據現行的脈絡，「自卑感」這個詞是由阿德勒首度提出，亦即德語的「minderwertigkeitsgefühl」。其中「wert」指的是價值，「minder」是更少之意，而「gefühl」則是感覺。也就是說，自卑感指的是「價值更少的感覺」。

因此，所謂的「自卑感」，其實就是對自我價值的判斷，亦即讓我們陷入痛苦的自卑感並非客觀事實，而是隨著主觀解釋或價值賦予所產生。**面對相同的條件或情況，有些人覺得無傷大雅，有些人則覺得無比羞恥，極力想要隱藏。**例如有些人認為英文對我們而言本來就是外語，講得不流暢是理所當然的，所以並不避諱在溝通時比手畫腳。相反的，有些人認為英文講不好非常丟臉，害怕真正的實力被他人識破，所以盡力避免任何需要說英文的情境。

自卑感的問題，在於產生劣等感的一方會自認能力不足，而且毫無存在的價值。因此，他們會在有意無意間自我否定，也會在可能引發自卑感的情境中感到不安，進而出現不恰當或激烈的反應。此外，隨著自卑感日益嚴重，他們會擔心別人是否在背後說自己的壞話，甚至產生被害妄想。於是，就算對方沒有任何攻擊或打壓的意圖，他們也會基於猜疑而發怒，或者認為對方看不起自己，自覺委屈而與對方斷絕往來。

自卑感，既是良藥也是毒藥

阿德勒強調：只要是人，就一定會有自卑感。在浩瀚的大自然中，人類是既渺小又脆弱的生物，打從出生開始，就免不了對環境感到自卑。不過，這種自卑感對人類來說也是一種祝福，因為強烈的自卑感，激發出人類克服與超越環境的欲望，在一連串實踐的過程裡，人類的潛能獲得了發展。阿德勒將這種特性稱為「優越感的追求」。

那麼，蠶食著我們的自卑感又是什麼呢？有些人在成長時能順利克服自卑感，有些人卻陷於自卑而苦不堪言，其中的差異究竟來自何處？

為了釐清兩者的差別，我們必須先認識一個概念——自卑情結。「自卑感不就是自卑情結嗎？自卑情結是什麼？」你可能會對此感到訝異，因為在日常生活中，自卑感和自卑情結被當作一樣的意思看待。不過，就心理學而言，「情結」指的是針對某一事物的情感集結，簡單來說就是對該對象產生過度的情感。因此，**自卑感本身並不是問題，讓人感到痛苦的是因為陷入自卑情結，而對自身的想法與行動強加束縛。**

《被討厭的勇氣》的作者岸見一郎，將自卑情結解釋為「開始把自卑感當作藉口」的狀態。例如有人對學歷感到自卑，這本身並不是大問題，可以承認「我讀的書比別人少」、「我學生時期不太會念書」，然後在其他領域上追求成就；或是「我小時候家境貧寒，沒能上大學，所以現在想讓自己的學生夢狠狠燃燒一回」，透過進修加以彌補。上述這些情況，都是將自卑感當作動力，試圖讓自己進一步成長和發展，就不會演變為自卑情結。相反的，有些人因為學歷低而感到畏縮，碰到需要挑戰的情況時就選擇逃避，總是自我貶低。如果一味埋怨「我一輩子都要被這該死的學歷綁手綁腳」、「從這種學校畢業還談什麼成功」，那麼就只是一直在「自卑情結」的陷阱裡掙扎而已。

足以讓人感到自卑的領域多不勝數：外貌、體格、智力、性格、家庭、經濟能力、所屬團體等，自卑感的種類就和人類個體一樣多。其實，阿德勒在幼兒時期曾患有佝僂病，不僅身材矮小，還經歷口吃、行動不便等身體方面的障礙。然而，幼年時期的種種磨練，也成為了他立志行醫的契機。他以對身體的自卑感為出發點，擴及到人類可能普遍具有自卑感，以此奠定了學術的基礎。換句話說，阿德勒將自卑感昇華為對學問的好奇。

提到身體的自卑感，就不能漏掉韓國的足球選手朴智星。朴智星天生就是扁平足，對足球選手來說，這樣的身體條件非常不利。他為了克服自卑感，練習時比其他人都更加努力。假如**朴智星以「我有扁平足的問題，無法成為足球選手」為由中途放棄，那麼我們就看不到號稱有「兩個心臟」的他在足球場上的精彩表現。**

倘若被自卑情結困住，不僅心理上會變得怯懦，還可能出現反向、退化、攻擊、迴避等防衛機制。此外，自卑情結最大的副作用，是會與低落的自尊感互相影響，形成惡性循環，讓人掉進焦慮和憂鬱的深淵。

在《姐就是美》（*I Feel Pretty*）這部電影裡，可以清楚地看出自卑感與自尊感的關係。電影中的主角蕾妮，一直以來都為外貌感到自卑，表現得畏畏縮縮，直到某天發生意外撞傷大腦後，她突然覺得自己非常漂亮。蕾妮的外表雖然沒有改變，但她對鏡中映照出的自己充滿自信，態度與行動也和過去截然不同。於是，主角周圍的人也開始展現出不同的反應，紛紛被蕾妮的自信吸引，覺得她看起來很有魅力。這就是自信感所帶來的效果。

最後，蕾妮的大腦又再次受到衝擊，回到了原本的狀態，看見自己最初的模樣。這時，她才領悟到自己過去有多麼被外貌束縛，也明白了自己不是因為外表才無法獲得喜愛。也就是說，比起客觀的狀態或條件，主觀上如何看待自我更加重要。

此外，與自卑情結相同，「優越情結」（superiority complex）也會成為問題的根源。陷入優越情結裡的人，內心總是惴惴不安，缺乏自我滿足感，並且習慣與他人進行比較，希望大家認可自己處於優勢地位，是比一般人更加出色的存在。因此，他們會沒來由地自我炫耀，介紹一些他人根本不感興趣的個人經歷，甚至強調自己與掌權者或名人有交情。這些行為，都是因為害怕自己被輕視、不被肯定或被識破，企圖掩蓋真相的一種扭曲型補償。換句話說，為了克服自卑感，他們動員了虛假的優越感。

看到這些人，就會想起前文提到的缺乏自尊感，但自尊心很強的案例。姜宇或許也是為了掩蓋自卑感，而過度表現出虛假的優越感吧？**真正懂得自我尊重、認定自我價值的人，不會覺得有必要包裝或炫耀自己**，因為個人價值與他人的肯定與否無關。仰賴外部條件的自尊心雖然會起伏不定，但自尊感不會被他人的評價左右，是一種處於穩定狀態的情感。假如範鎮理解這些道理，說不定在姜宇面前就不會表現得畏畏縮縮了。

懂了以後更輕鬆的心理學

最了解自己、能給予自己肯定的人只有「我」

前面介紹了看起來相似、實際上卻截然不同的自尊心與自尊感，以及為了培養健康的自尊感所必須克服的自卑情結。那麼，如果要戰勝自卑、滿足自尊，具體應該怎麼做呢？

接受自己最真實的面貌

擺脫自卑情結、滿足自尊感的第一個方法，就是「正視自己本來的面貌」。如果能仔細觀察引發自卑感的癥結，或許就會發現它其實沒有那麼可怕。倘若表現得過於執著，或者一味隱藏，恐懼就會像怪物一樣愈來愈大，不僅會攻擊自己，還將吞噬周遭的人際關係。

基哲即將從銀行分行長的位置退休，過去他家境貧寒，從商業高中畢業後就直接進入銀行工作，踏上所謂的菁英路線。不過，基哲一直因自己沒能上大學而感到自卑，所以他白天工作、晚上念書，考取了廣播通信大學，後來還取得碩士學位。對基哲而言，自卑感成為了原動力，帶領他繼續向上發展和成長。

但不幸的是，他的自卑感並未因此消失，依然無法擺脫只有高中學歷的自我認同。在職場裡，他得到了「心胸狹窄」、「領導力不足」之類的評價，因為他吝於稱讚下屬，而且只要有人獲得肯定，他就會把一切歸因於出身知名大學。

假如基哲願意接納自己最真實的面貌，情況會有什麼改變呢？當時在無可奈何之下，基哲已經做出了最好的選擇，一路上也不斷努力，試圖彌補學歷的缺憾。倘若他能認可自己的這一面，並給予高度評價的話，就不會陷入自卑情結裡，也不會傷害到自我——而這些，都是別人無法代替他完成的。

仔細觀察陷入自卑、自尊受傷的情況，會發現很多時候是自己不斷地拿理想我與現實我進行比較。如果不肯承認、接納真實的自我，只是一味遙望遠方，對自我的不滿就會持續上升。**倘若能如實審視並接受自己眼下的優點與缺點，就絕對不會把自己視為毫無價值或低人一等的存在。**

我的價值由我決定

自尊感低落、自尊心強烈，因此倍受自卑情結折磨的人，大部分都很在意他人的評價。也就是說，「我」這個人的價值皆掌握在他人手中，所以自尊感當然免不了受到影響。

人都是主觀的，偏好的事物也各不相同，更無法完全理解他人內心的想法、情感或努力等。因此，我們對他人的評價通常帶有主觀性，並不完全正確。如果把自身的情感和價值全權交付這種不完善的評價，是多麼不合理的選擇啊！

有一點需要格外留意，目前為止所談及的內容，都是身為人類理應受到尊重的「價值」。近來人們愈益關心所謂的自尊感，但也隨之出現許多誤會，像是以「造成自尊感下降」為由，主張校園應廢除考試制度的提案，就是極具代表性的例子。在這個主張的背後，其實隱藏著「第一名價值高、最後一名價值低」的觀點，亦即未能將成果與人類的價值區分開來。我們應該追求的，**是不要以分數或成果判定一個人的價值，而不是只要廢除考試，就能普遍提高學生的自尊感**。

讓我們回想一下自尊感的兩大要素（P.161）吧！第一點「相信自己值得擁有幸福」是自尊感的基石，不要把評價自我的權利，交到無法掌控的他人手上，沒有任何人可以決定我的價值。當然，身而為人，有時難免會在意他人的評價和眼光，並且為之動搖。每當遇到這種狀況，**就讓我們試著反問：「他對我的了解有多少？」然後練習以自己的角度，審視真實的自我**。

培養真正的自尊感，需要不斷地挑戰和體驗

韓國有個形容詞叫做「迷之自信」，意思就是毫無根據的自信心，而自尊感似乎也有這種類型，亦即所謂的「虛假自尊」。有時某些人會為了提高自尊感，對著鏡子暗示自己要「熱愛自我」。雖然這麼做會帶來短暫的效果，但自

我催眠或暗示，最終還是難以順利提升自尊感，也無法讓心靈變得健康。

還記得自尊感要素中的第二點嗎？在日常生活中碰到困難時，相信自己有能力應對，也就是所謂的自我效能感。這種自我效能感，並不是只要說服自己「我做得到」就得以培養，而是必須在生活中迎向挑戰、親身經歷，失敗的話就從中汲取教訓，成功的話便藉此累積自信。如此一來，方能讓自己產生信心：「我其實還不錯，處於困境時雖然有些辛苦，但也充分具備應對的能力。」從這個角度來看，經歷與實踐的過程至關重要。

若想克服自卑感、擁有健康的自尊心，首先必須了解自己想要什麼，對此進行深思。**在日常生活裡，哪些事物重要、想達成什麼目標、過怎樣的生活，這些都是值得花時間煩惱的問題。接著，假如清楚自己想要什麼，就應該勇於挑戰並付出努力。**為了達成目標而用心實踐的生活，會讓人不得不熱愛自我，並且對自己感到驕傲。同時，也希望你能記住：**熱愛自我這樣的感情，是在實現目標的過程中自然湧現，絕對不是因為自己哪件事做得好。**

除此之外，還有很多克服自卑感、培養健康自尊感的方法，不管選擇何種方式，相信你都能藉此感覺到自己開始勇敢活出自我，舒心且充實地享受人生。

實踐看看吧

克服自卑情結，帶著自尊感闊步前行

1 將自卑感客觀化

處理自卑感的重點，在於選擇不逃避，並且懂得敞開胸懷去面對。首先，讓我們仔細檢視一遍內心暗藏的自卑感，然後從客觀的角度分析看看這些事物，是否真的值得讓自己感到害怕和羞恥。

2 將自卑的部分與他人分享

在安穩的環境下，試著與他人分享能說出口的自卑情結，例如「我的個子有點矮」、「學生時期的我不太會念書」、「小時候我們家有點窮」等。接著，觀察看看在這樣的告白之後，自己與對方的關係是否生變。一般都不會有太大的變化，還能感受到自己與他人之間產生了連結。

3 設定並執行目標以克服自卑感

其實，若想戰勝自卑感，努力的過程非常重要。讓我們再回顧一下構成自尊感的兩大要素：第一，尊重並認定自己具有價值。被他人的視線或評價影響時，別忘了把這個概念放在心裡。第二，自我效能感。培養自我效能感的過程裡，不能缺少所謂的「實踐」。假如有希望達成的目標，無論大小，都先著手試試看吧！

08 因為害怕失敗和落伍，所以不敢跨出挑戰

三十多歲的上班族在亨表示，自己一向都比其他人過得更努力。在第一份工作時，他是同期中最快獲得晉升的，後來更以優渥的條件，跳槽到目前任職的公司。由於能力獲得了肯定，倍受鼓舞的他在工作上傾盡全力，績效考核時每次都拿到最高分數。

不過，在亨最近陷入了低潮，因為他在考核中只獲得B等。他比任何人、任何時候都更加努力，不知為何考績差強人意；剛開始他對公司感到憤怒，但後來矛頭依舊轉向自己：「為什麼表現出來的程度只有這樣？」失落的情緒不停折磨著他。一想到自己的能力不過如此，他就忍不住覺得鬱悶和擔憂。

對於一直都走在康莊大道上的在亨來說，B等就像是突然闖入的人生污點。不過，從他得知考績後陷入焦慮、執著於成果的模樣來看，理由並非那麼單純。如今的困局，來自於在亨心中長期累積、認知的成功定律，也是心靈框架所造成的結果。

為什麼人們總是想避免失敗，又對成功異常地執著？

不僅是在亨，很多人都會為了成功的甜蜜滋味而奮力奔跑，並想方設法避免嘗到失敗的苦果。這樣的心態，不只出現在工作方面：在人際關係裡，我們會希望自己不要受傷，同時又能成為一名好人；我們會想挑戰新目標，又擔憂自己做不好而躊躇不前；針對不懂的事物，我們會想請教他人，但又怕被發現自己不會……以上所有的心境，其實都侷限在成功與失敗的框架裡。

人類追求關愛與肯定，因為這是生存的必要條件，沒有人希望自己被討厭或輕視。成為討人喜愛的存在，才能獲得他人的呵護；在各方面都得到認可，才不會於群體之中落伍。因此，就連新生兒也會微笑或撒嬌，藉此融化父母的心，這就是人類的本能。

如果什麼都不做就能得到關愛該有多好，但我們身處的世界只會肯定所謂的「成功」。就連孩子吃飯時也一樣，如果他們乖乖把飯吃完，大人就會給予稱讚：「哇，我的女兒真乖，一點也不挑食，把飯菜都吃光光了！」不論行為大小，都會延伸為做得好或不好、乖巧或是調皮等評價。

這些不經意脫口而出的話，自然成為了理應達到的標準，而在這種環境下長大的我們，就會認為自己必須符合某人的期待。人本主義心理學代表卡爾．羅傑斯（Carl Rogers）指出，這就是所謂的「價值條件」(conditions of worth)。

想做得好、想成功的心態對人類來說理所當然，但根據教養環境不同，內心的思維也會產生差異。**凡事都要滿足某些條件、達到某人標準才能獲得稱讚的孩子，很可能會不知不覺地將那些基準刻在心裡，認定自己非達成不可。**

執著於成功、無論如何都想避免失敗的心態背後，是對自我不一致（self discrepancy）所產生的不適感。心理學家愛德華．希金斯（E. Tory Higgins）主張，個人對自我擁有幾種不同的認知：理想我（ideal self，自己想成為的模樣）、真實我（real self，對於現實自我的評價與認知）、應該我（ought self，必須做的事、應該成為的模樣）。當「理想我」和「應該我」顯得遙不可及時，人們對失敗的挫折感和成功的急迫感就會隨之上升；且根據研究指出，各項自我認知的差距愈大，就愈容易經歷不安與憂鬱。希金斯的這項理論被稱為「自我差距理論」（Self-discrepancy theory），亦即在經歷自我不一致時，會引發內疚、緊張和壓力。

由於自我差距會造成極大的折磨與痛苦，所以我們經常對理想或應當為之的基準表現出執著，似乎只要邁向成功，就可以避免自我不一致所產生的壓迫。對總是想要成功的自己感到鬱悶嗎？或許，這些行動都是來自於你本能地想避開更大的煎熬。

在「真的很想成功」與「真的不想失敗」之間徬徨不定

想把事情做好的心態是努力的原動力，因為態度會影響投入的時間與熱情。

然而，如果對成功的渴望過大，對失敗抱持的恐懼也會跟著增加，沉重的心情將導致我們寸步難行。因此，即便打從心底想把事情做好，也會選擇乾脆不要開始，或者以各種藉口推遲進度。

有一個有趣的實驗，就證明了上述的這項悖論。在實驗中，研究者先向受試者解釋：這份研究的目的，在於了解噪音對成就高低的影響。一般來說，噪音愈大聲，獲得的成就便會愈低。接著，受試者參加了數學測驗，並等待研究人員公布成績。這時，被分成三組的受試者，第一組聽到的是比實際分數還要低的成績，第二組聽到的是比實際分數高的成績，第三組得知的則是實際獲得的分數。換句話說，除了第三組之外，其他兩組接受到的回饋都是假的。

聽完成績的受試者們，緊接著將自由選擇參與下一場實驗（確認噪音與成就的關聯性）和考試的教室。受試者們擁有多種選擇，包括非常安靜、利於專心的教室，以及非常吵鬧的空間。結果，收到不實回饋的學生們，大多選擇了吵鬧的教室，明明知道那樣很可能會考砸。

這種選擇，被稱為「製造藉口的戰略」，也就是在做任何事情之前，如果已預想到會失敗，就事先為自己找藉口或理由。臨近大考的學生突然開始打掃房間，也可以看作是在製造藉口。自己創造出一定會失敗的理由——由此可見，人類保護自己的欲望有多麼強烈。

實驗參加者在第一次考試時就知道了自己的實力，不，應該說以前就已經知曉自身的數學能力。明明知道自己實力不佳，卻得到「非常優秀、成績很高」的評價，這時他們的心情會如何呢？假如只要考一次就好，可能會覺得「原來我的能力沒有想像中差」，並對此感到滿足；但問題在於，接下來還得面對第二次測驗。

於是，受試者漸漸感到不安：「下次考試時，實力被揭穿的話怎麼辦……」當人們開始對失敗產生焦慮，自我保護的本能就會啟動——選擇去吵鬧的教室吧！如此一來，考不好就是理所當然，考得好則會更加雀躍。而認為自己實力不錯，但成績卻不盡理想的學生們亦然，因為擔心自身能力實際上不算出色，所以不敢選擇能真正驗證實力的教室。換句話說，他們雖然力求表現，卻選擇了無法展現自己的環境。

培養柔韌地接受、跨越失敗的力量

如果對成功過度執著，很可能根本無法跨出第一步，或者只會選擇安逸的道路走，最後連發揮潛力的機會都錯失。「失敗了該怎麼辦」的憂慮，會演變成不安與強迫，若想更輕鬆、柔韌地迎接隨時可能降臨的挫折，過上充滿挑戰的人生，具體應該怎麼做呢？

我是定型心態，還是成長心態？

不執著於成功與失敗，能徹底活出自我的祕訣就在於「心態」(mindset)。以TED演講和著作知名的社會心理學家卡蘿．杜維克（Carol Dweck），根據人們對自身能力與智能抱持的信念，將心態區分為兩大類。

首先是定型心態（fixed mindset）。擁有定型心態的人，認為自己的能力是與生俱來的，就像瞳孔顏色一樣無法改變。由於能力取決於天生，所以現在做得好不好就至關重要。假如遭遇失敗，他們就會認為這是自己能力有限的佐證，於是只停留在自己擅長或是做得到的範圍內。

其次是成長心態（growth mindset）。具備成長心態的人，相信能力就像肌肉一樣，可以藉由鍛鍊獲得成長。對他們而言，眼下的成功與失敗並不重要，無論結果如何，只要在過程中有所學習和改變，就能讓人心滿意足。他們看重的不在於馬上「證明」自己的能力，而是透過「挑戰」加以學習和成長。

擁有成長心態的孩子會經常發問，因為他們相信不懂並不丟臉，唯有勇於提問才能習得新知。此外，面對陌生或困難的課題，他們反而會覺得興奮，因為想著可以學到新的事物，所以能較為輕鬆地跨出第一步。

當然，我們很難斷定某種心態究竟是好是壞，具備定型心態的人當中，有不少其實能力出眾。例如從小就聰明伶俐的孩子，在成長過程裡經常獲得稱讚，如此一來，他們就會相信自己做得好是理所當然，並深信自己必會成功。假如人生總是一帆風順的話，定型心態不會有什麼問題，但我們在日常生活中免不了會遭遇挫折，也會有一些在自己能力之外的挑戰，這時，定型心態就會成為極大的絆腳石。

此外，定型心態與成長心態並非完全獨立，一個人不是百分之百只擁有定型心態，或是在任何時候都能發揮成長心態。假如自己現在的思維偏向其中一方也沒關係，因為心態是可以改變的。提出這項理論的卡蘿·杜維克教授，也是在研究的過程裡，才認知到自己有多麼受限於定型心態，然後一步步調整為成長心態。

萬能博士也屬於擁有定型心態的人，因為即使不刻意挑戰新的目標，生活也還算過得滿足（也許只是因為做了些值得的事），所以她從未意識到內心深處抱有對失敗的恐懼。不過，就在需要比以前付出更多努力，置身無法預料的狀況中時，才發現定型心態成為了一種束縛。

就讀研究所時，以學術為志業的萬能博士，面臨了出國進修這項巨大的挑戰。當時，對未來打算投身學界的人而言，留學可謂必經之路。受到社會氛圍

☀ 定型心態vs.成長心態

	定型心態	成長心態
基本前提	智能由先天決定	智能可望獲得提升
欲望	希望在別人眼中看起來聰明	希望學得更多
	因此	
面對挑戰時	選擇逃避	選擇接受
面對逆境時	容易放棄	勇於克服
對「努力」的想法	覺得無關緊要	是達成目標的手段
面對批判	即使合理，也會刻意無視	從批評當中學習
面對他人的成功	感到威脅	得到教訓與靈感
	↓	
結果	在當前的水準停滯，無法發揮潛力	發揮潛力，交出最亮眼的成績

資料來源：卡蘿．杜維克，《心態致勝：全新成功心理學》（*Mindset: The New Psychology of Success*），天下文化

的影響，萬能博士也默默為留學做好準備，但最後還是選擇在韓國攻讀博士。因為她害怕就算拚盡全力，自己也不過是隻井底之蛙。如今，萬能博士偶爾會覺得後悔，假如當初覺察到自己是被定型心態困住，只是習慣走在一帆風順的道路上，把失敗當作令人畏懼的對象，而且認定自己一旦失敗，就相當於能力不足的話，或許就會做出不一樣的選擇。

理解了心態的重要性，或許你也會很好奇自己的心態究竟屬於哪一種。透過簡單的量表，可以看出自己偏向定型心態或是成長心態，放下理想我和應該我的負擔，坦率地做做看測驗吧！在下一頁的表格中，圈選出自己與各項描述的吻合程度，盡量不要思考太久，只要以直覺作答即可。

	題目	完全不符合	不符合	普通	符合	非常符合
1	我認為只要努力，就一定可以改善個人能力	1	2	3	4	5
2	我認為一個人就算是能力不足，只要願意用心，就能加以改變	1	2	3	4	5
3	我認為只要全力以赴，能力就可以大幅提升	1	2	3	4	5
4	我認為只要願意學習、研究新的事物，能力就可以向上增進	1	2	3	4	5
5	我認為能力是與生俱來的，再怎麼努力也無法撼動	1	2	3	4	5
6	我認為就算投入新的學習，能力也不會有太大的改善	1	2	3	4	5
7	我認為能力是已經被決定好的，很難靠努力加以改變	1	2	3	4	5
8	我認為即使付出了心力，能力也不會輕易獲得提升	1	2	3	4	5

第一題到第四題屬於成長心態，第五題到第八題屬於定型心態，只要分別計算出兩組的分數，就能得知自己偏向哪一個類型。

放棄一次，還不如失敗十次

①承認失敗的價值

如果想擁有成長心態，就需要即使失敗也無所謂的環境，必須改變「只為成功鼓掌」的氛圍。

萬能博士曾有幸採訪到矽谷的優秀投資人，當問及投資的標準時，聽到的答案令人十分意外：**「投資有失敗經驗的人。」**換句話說，「失敗的價值」獲得了認可。如果接受這種投資家的贊助，就可以完全放心地挑戰革新。失敗不等於全盤皆輸，而是被當作一種學習契機，在這樣的環境下，成功才可能萌芽。

中國最大的電子商務企業阿里巴巴的創始人馬雲，他的人生也給予我們許多啟發。學生時期的馬雲，除了英語之外所有的科目都不及格，大學也重考了三次才得以入學。他幸運地進到招生名額未滿的師範學校，畢業後從事英語教職，因為熱愛英語且能力出眾，成為了明星講師。後來，他在矽谷接觸到IT產業，投身創業之路，但一開始並沒有成功。帶領他躋身中國富豪的阿里巴巴，也是經歷過多次失敗，在不斷反覆挑戰中脫穎而出的企業。

看到學生時期接連失敗的馬雲，真的有人會聯想到他日後將成為中國最大企業的創辦人嗎？相信智能或能力是與生俱來的人，只會把他當作一般的落榜生。不過，**馬雲並未將自己視為落榜生或創業失敗者**，面對接二連三的挫敗，他沒有畫地自限，而是不斷自我挑戰。這種思維，就是典型的成長心態吧？

「就算失敗了也沒關係」，這樣的觀念可以由親近之人傳達，也可以由社會營造。假如身邊有一起打拚的人，希望你能好好珍惜。此外，我們也可以成為某人的安全堡壘，藉由溫暖的話語安慰對方：「現在不順利也無妨，只要有在努力就夠了。」

最重要的是，我們必須真心相信失敗也有其價值，並懂得給自己一個暖心的擁抱。成功與失敗就像硬幣的兩面，但願你能銘記在心：為了取得成就，失敗的過程不可或缺。就算未能達到預期目標，只要能重新給予自己嘗試的機會，或是在摔得心灰意冷時，充分給予自己喘息的時間與空間，就一定能不拘泥於眼前結果，度過充滿挑戰的人生。

②透過實際行動，掌握失敗的本質

假如你能不執著於當下的成功，享受學習樂趣，且夢想著發揮潛力的話，那麼強烈建議你體驗看看失敗的滋味，也就是藉由小小的挫折培養韌性。我們經常想像失敗後會面臨巨大的打擊，**但真正經歷過挫敗的人，領悟到的其實是「就算跌倒了，生活也還是會繼續」**。

令人聞風喪膽的「失敗」究竟是什麼？為何我們總是極力想避免？現在，就讓我們仔細觀察看看。試著向自己提問、設想其輪廓，接著把它寫在紙上，光是利用這種方式，就足以緩解焦慮不安的情緒。茫然地想像，與一邊思考「這件事有那麼嚴重嗎」、一邊把內容記錄下來的效果，完全不同。

此外，不要只是坐著空想，應該進一步嘗試。假如遭遇失敗，只要當作是一種學習機會就好；如果成功了，那麼獲得的快樂也會加倍。雖然很諷刺，但若想克服恐懼，首先就得鼓起勇氣面對。

在製作《心理學，懂了就釋懷了》Podcast節目的過程裡，漫心和萬能博士也遭遇到無數挫敗，並從中獲得了成長。當然，曾經有一些小小的成就，內容還獲邀集結成書——但這個節目其實一開始並不順利，第一集甚至錄了三次才成功上傳。

記得最丟臉的一次失敗，是首次租借工作室錄音的時候。當時工作室室長一邊操作機器，一邊盯著整個錄音過程，最後在把檔案交給我們時，提出了讓人倍感辛酸的建議：「嗯……我在工作上接觸過不少經營Podcast的人，老實說，如果你們繼續用現在的模式走下去，可能會有點辛苦。」

那時真的很想找個地洞鑽進去，不過，正所謂「忠言逆耳」，室長的建議對節目企劃方向產生極大的幫助。後來，第一集我們又重新錄製了兩次，承受著被批評的風險與羞愧感，把檔案上傳到網路。假如漫心和萬能博士擔心被指出缺點，一直不敢上傳檔案的話，現在是否連寫這本書的機會都沒有了呢？

③與其糾結於成果，不如把焦點放在過程上

曾經偏向定型心態的萬能博士，對心態的養成也特別敏感。但是，她那長得和媽媽幾乎一模一樣的女兒，也屬於定型心態。對自己有能力做好的事，孩子會熱情到讓人懷疑，但只要碰到一點困難，孩子就會用頭痛、肚子痛等冠冕堂

皇的理由來逃避。萬能博士很清楚孩子只想獲得稱讚的心情，但未來的日子裡還會碰到許多挑戰，她希望孩子可以變得更有韌性。

後來，孩子終於有機會親身體認「努力」所帶來的改變。當時，她參加了幼兒園舉辦的呼拉圈大賽，只有搖二十下以上的人才能得到獎狀，從來都沒有接觸過呼拉圈的孩子，搖不到一下就掉了下來。嘗試幾次之後，她就嚷著腹部的肌肉很痛，拒絕出席比賽。這是引導孩子學習成長心態的絕佳機會，萬能博士對女兒說：「就算只搖一下也沒關係。」不是立下顯然達不到、只會讓孩子想逃跑的遠大目標，而是從小小的任務開始。此外，在孩子練習得不順利時，與孩子一起努力，告訴她：「本來就會這樣，要不要試試看別種方法？」大概經過了一週左右，孩子最終完成了兩百下的呼拉圈。

其實，有沒有拿獎並不重要，關鍵在於讓孩子學到「努力有可能帶來改變」。從那天以後，面對新的挑戰時，她會自我鼓勵：「雖然很辛苦，但只要努力過就好了吧?比起做得好，努力更加重要。」第二年當她參加跳繩比賽時，不用特別提醒「跳不好也沒關係」，孩子就懂得自己一步一步地練習，最終愛上了跳繩。

若想把價值集中在過程和努力上，就必須思考自己正走往什麼方向。還記得前文提到的在亨嗎？他一直以來努力工作的目的是什麼？是為了在考績上拿到A等嗎？他真正想要的應該不是優秀的考績，而是發揮自身實力，充分地享受人生。不要只把眼前的結果判定為成功或失敗，若是能將其視為創造理想生活的過程，那麼漫長而艱苦的人生，也會湧現小小的快樂。

> 為了取得成就，失敗的過程不可或缺。就算未能達到預期目標，只要能重新給予自己嘗試的機會，或是在摔得心灰意冷時，充分給予自己喘息的時間與空間，就一定能不拘泥於眼前結果，度過充滿挑戰的人生。

實踐看看吧

就算跌倒數百次，也可以像不倒翁一樣重新站立

1 檢測一下自己擁有哪種心態

利用P.187的檢測量表，確認看看自己的思維模式。別忘了，不管現在偏向哪一種心態，都有機會加以調整和改變。

2 從現在開始做起

假如過去擁有的是定型心態（若檢測結果為成長心態，可以思考看看自己猶豫不決的事），可以把因為害怕失敗而未能嘗試的事物寫下來。接著，從中挑選一項，立刻著手進行。重點不在於能不能做得好，而是有沒有勇氣跨出第一步，「現在馬上開始」才是關鍵。

3 即使失敗，也別忘了如今的我已與從前不同

成功固然值得欣喜，但人生中也免不了遭遇失敗。試著找找看自己在失敗中學到什麼，又產生了哪些改變。成功與失敗都存在著數不清的過程，如果能仔細回想一下自己當下的情感與想法，一定會發現有某些地方變得不一樣了。

4 記住自己有無限的可能性

讓我們反思一下：你是否相信命中注定般的熱情、與生俱來的天賦與特殊才能，都是成功的必要條件呢？對此抱有期待者，一旦遇上困難就會輕言放棄：「看來這件事不適合我。」別忘了，無論是熱情、能力還是人際關係，在生活的各個領域，我們隨時都有可能成長和改變。

Chapter

3

學習正確表達欲望的方法

我們一直以來都沒有學到真正重要的課題，也就是該如何開啟對話，才能在不傷害對方的前提下，確實地理解彼此心意，最終成功獲得各自想要的事物。

09 他人的視線總是讓我很介意

修熙是名正在準備就業的二十多歲女性，表面上看起來只是內向、怕生，但內心其實相當畏懼他人的視線。就連走在路上時，她也害怕身邊經過的人會對自己的外貌說三道四，甚至焦慮到不敢出門。由於她年幼時曾被排擠，也因為身材問題而被男生嘲笑，所以只要遇到同年齡層的異性，肢體動作就會變得十分僵硬。最近她積極地減重，經過一番努力後終於得以走出家門。

雖然修熙依舊很怕與人見面，但不久之前，她鼓起勇氣報名了花藝師學院。在實習期間，需要請講師確認自己完成的作品，不過她連舉手示意都感到很困難，只能呆坐等著能否和老師對到眼。假如一直處於這種狀態，就算把花藝課程修完且順利就業，她也很擔心工作時到底能不能和人們對視。

許多人雖然不至於像修熙一般，在生活和實習方面遭遇困境，但仍會因過度在意他人的視線或評價而疲憊不堪。例如太擔心自己的衣著打扮在他人眼裡看起來如何，所以外出前需要花好幾個小時準備，或是因為一點小失誤就糾結整天，搞得自己筋疲力盡。

人類不得不在乎他人視線的理由

對於那些過度在意他人視線，以致於倍感痛苦和不適的人來說，有一件事值得慶幸——這種困擾並非只出現在自己身上。其實，**留意他人的目光，是人類與生俱來的本能。**

為了避開危險的野獸或天災，透過狩獵和採集以確保足夠的糧食，人類從原始時代就成群結隊地生活。此外，歸屬感也是人類的欲望之一，為了能被團體接納，不得不在意自己在他人眼中的模樣。因此，人類經常會自我檢視，以求看起來隨和且好相處。換句話說，就進化論而言，關心他人視線是適應世界和社會的一種途徑。

人類的自我是如何形成的呢？關於這點學術界上眾說紛紜，其中社會心理學家查爾斯．霍頓．庫利（Charles Horton Cooley）提出了「鏡中自我」(looking glass self）的概念，並強調自己在他人眼中的形象，會影響到自我的形成。

我們在社會關係中與他人互動，自然會看到、聽到或感覺到他人如何看待自己，或者抱有何種期待。藉由這樣的過程，我們會對自我面貌產生認知，並思考他人對自己的評價，接著表現出符合對方期待的行為。就像照鏡子一樣，我們看著他人眼中的自己，認識並形成自我，因此又稱為「鏡中自我」。他人的視線在「自我認知」中佔有舉足輕重的地位，所以我們必定對此格外敏感。

世界以我為中心的錯覺

其次，我們會如此介意他人目光的原因，在於人類以自我為中心的傾向(egocentric bias）。亦即「我」處於這個世界的中心，所有事物都以「我」的角度看待。我們在下判斷時，經常會利用自己具有的情報。或許我們很了解自己內心的想法、感情或經歷等，但對他人的情感或經驗等並沒有太多的涉獵。因此，在判斷特定的狀況時，我們會以自我為中心來衡量，最終產生很多認知上的錯誤。

其中之一，就是誤以為自己認知到的自我面貌或行為，在他人眼裡也會非常鮮明。也就是說，每個人都認為世界是繞著自己旋轉的。因此，無論是對於一點細小的成就感到無比自豪，或者對一點細小的失誤感到極度慌張，人們都認為他人也會察覺到這些。但反過來看，基於這種以自我為中心的傾向，我們會把焦點都放在自己身上，其實對他人做得好或不好並不關心。

舉一個常見的例子吧，有時我們會剪髮或燙髮，覺得自己變換髮型別具意義，但其實這對他人來說並沒有什麼大不了。尤其是稍微修剪一下瀏海，或按照原本的風格重新燙髮，可能連周遭親近之人都不會發現。因此，**不要因為配偶、戀人或朋友沒看出來就覺得難過，反而應該對有發現這些細微變化的人心懷感激**。因為對方戰勝以自我為中心的思維，對自己表現出了關心。

懂了以後更輕鬆的心理學

如果我不珍視自己，又有誰會肯定我？

在意他人視線是人類自然的本能，也是適應環境的作為，不是只有你才有這種困擾。不過，如果面對任何事都過度在乎他人的看法，就容易引發一連串問題。若想擺脫他人的目光，具體該怎麼做呢？

鎂光燈的焦點其實不在我身上

如同前文所提到的，人類具有以自我為中心的傾向，深信在自己眼中顯而易見的行為，從他人的角度來看也一樣。著名的社會心理學家湯馬斯・吉洛維奇（Thomas Gilovich）將這種現象稱為「聚光燈效應」（spotlight effect），就像舞台上的燈光照亮主角一般，人們覺得社會上的鎂光燈也是聚焦在自己身上。

一項有趣的實驗以吉洛維奇的理論為基礎，證明了人們並沒有像我們害怕的那樣對我們投以關注。此外，該實驗也提供了一些實用的線索，告訴我們如何減少對他人的在意。

「其他人沒有你想像的那麼關心你」，雖然這是相當平凡的道理，也是每個人都了然於心的事實，但極度在意他人如何看待自己時，不免會對此產生懷疑。而吉洛維奇的「T恤實驗」，就實實在在地證明了前述的真理。

研究者以記憶力測試為名，募集大學生參加實驗。每組有五～六人擔當觀察者的角色，剩下一人則為實驗對象，當然，受試者並不曉得自己負責的是什麼角色。接著，觀察者提前聚集到實驗室，而實驗對象則換上研究人員提供的T恤後才入內。

這件T恤的正面，印有一九七〇年代歌手巴瑞．曼尼洛（Barry Manilow）的肖像，實驗進行的時間在一九九〇年代末，當時的大學生說不定會覺得穿這種衣服很丟臉。總之，實驗對象穿著T恤，被帶到觀察者所在的實驗室，因為進去前先敲了門，所以觀察者們都會注意到他。然後，研究人員以座位不足為由，再次將實驗對象引導至外頭。

接著，研究人員請實驗對象推測，房內有多少人會認出並記得自己T恤上的人像；同時也詢問擔任觀察者的一方，是否還記得剛才進到實驗室裡的人，身上穿的T恤印有何種圖樣。

而最終結果令人倍感意外，實驗對象預測見過自己的人當中，大約有百分之五十會記住T恤上的人像，但實際上記得該圖樣的人只有百分之二十左右。換句話說，穿著T恤的實驗對象，「誤以為」他人會關注且記得自己特別的打扮，但實際上並非如此。

從這個實驗中可以得知，**我們擔心做出不同的行為或特殊裝扮，會招來眾人的關注，甚至被認定為異類，但其實人們對他人並沒有那麼感興趣**。聚光燈只是存在我們腦海裡的想像，實際上根本沒有人予以注目。

在擔憂其他人怎麼看我的時候，不妨回想一下上述的T恤實驗。反覆地告訴自己：「是啊，別人其實沒那麼關心我。」對情況會意外地有所幫助。

別在失誤上糾結，試著拓展視野吧！

在發生失誤或做出不合時宜的舉動時，我們會特別在意別人怎麼看待自己。那一瞬間，除了擔心他人的評價外，還會本能地把焦點集中在自己的失誤與不足之處，是一種聚焦錯覺（focusing illusion）的傾向。

所謂的「聚焦錯覺」，指的是在推測特定事件或經驗對未來的影響時，過度聚焦於某項因素，放大其影響力；但實際上之所以會造成影響，是因為各種條件同時引發。也就是說，我們在他人面前發生失誤或犯錯時，會針對自己的不足之處鑽牛角尖，並誤以為對方將據此做出評價。於是，我們會對他人的目光變得更加敏感和憂慮。

假如想知道如何擺脫「聚焦錯覺」，請看看下面這個實驗：研究人員對參與實驗的大學生們表示將進行「問答競賽」，然後隨機指定提問者、參加者與觀察者，並請提問者想出十道與常識有關的題目。提出的問題不能過於簡單，且須有固定答案。最終，提問者交出的問題非常困難，幾乎只有一題有人答對。參加者在接受提問時必須立刻作答，如果回答錯誤，提問者就會公布正確答案，而觀察者則在一旁全程觀看，就像是電視上的問答節目一樣。

競賽結束後，研究人員將參與實驗的大學生分別帶到獨立的空間，進行問卷調查：請參加者推測提問者與觀察者會如何評估自己的知識能力，同時也請提問者和觀察者對參加者的能力評分。

看過前面T恤實驗的讀者們，大概可以猜得出實驗結果——參加者預測的分數，比提問者和觀察者的給分低很多。參加者覺得自己多數題目都答錯，所以其他人一定會認為自己非常無知，但實際上提問者和觀察者並沒有嚴苛地給予評分。換句話說，**他人其實不會像我們擔心的一樣，針對失誤或缺點做出冷酷的反應。**

此外，這個實驗還帶來一個珍貴的啟示。研究人員把參加問答競賽者隨機分成兩組：第一組是在沒有經過任何步驟的情況下，推測提問者和觀察者會如何評價自己的智能；第二組則是先把對方在評價時可能考慮到的各種因素寫下來，再推測對方會如何對自己進行評分，是一種「注意力去焦」(defocusing)的過程。

換句話說，就是「分散焦點」或「擺脫焦點」的戰略。因為在競賽中回答錯誤，所以很容易把注意力放在該結果上，但若回想一下當時的情況和各種因素，就能從中跳脫出來，例如問題的難易度、回答內容是否接近正解，以及說話時的態度或眼神……等。實驗結果顯示，第一組預測自己會受到負面評價，但經過去焦過程的第二組，對負面評價的預測相對較少。亦即，除了競賽的情境之外，只要思考看看還有哪些因素會影響評價，就可降低自己對負面結果的擔憂。

上班族智秀平常就很在意他人的視線與評價，某天，公司因為自己的失誤而遇到問題，組長很生氣地予以指責，而她也感到非常愧疚和痛苦。幸好，事情的狀況並沒有太過嚴重，很快就獲得解決，之後也沒有人再提起這件事。不過，智秀依然很擔心組長會不會覺得自己很無能，時時刻刻都在察言觀色。

為了成功「分散注意力」，諮商師向智秀拋出了幾個問題，首先是「到目前為止，自己都是如何處理工作的」，智秀答道：「之前我一直都很認真工作，面對熟悉的業務從未出錯，也都做得很好。這次的事件，可能是因為我還不夠上手。」

第二個問題是關於組長的個性，亦即對方是因為智秀的失誤才發火，或是平常就有類似的行為。智秀表示，組長屬於多血質*的類型，經常會顯得暴躁，但不是會長期嘮叨或生悶氣的性格。

第三個問題是，假如智秀身為組長，會不會因為下屬的一次失誤，就將他視為能力不足。智秀回答：「如果我是組長，絕對不會就此下判斷。」而且仔細想了想，其他部門能力出色的科長偶爾也會犯錯，雖然受到組長指責，但依舊倍受肯定。這時她才驚覺，原來自己過度把焦點集中在失誤上，以致於視野愈加狹隘。

在一般情形下，「注意力去焦」的戰略可有效擺脫他人的評價或視線，但我不想勸大家無視或壓抑當下感受到的情緒，立即分散焦點。「我為什麼感到痛苦」、「難受的內心裡藏著什麼」，我們也需要這種自我提問、觀察情感的過程。如此一來，讓自己感到害怕的東西就會浮出水面，而我們必須懂得分辨那是適當的擔憂，抑或不合理的恐懼。此時，可以嘗試進行「分散焦點」，反問自己是否僅執著於個人犯下的過失，或者過度誇大可能產生的結果等，藉由這樣的過程，我們就能在無意識中過濾出自然、合理的情感。以智秀為例，她可能因為對他人造成困擾而感到抱歉，一時間手忙腳亂，覺得自己從下次應該更加注意等。

我們不可能總是展現完美的一面，即使竭盡全力，偶爾也會犯下失誤，或者出現不良的結果。在這種時候，若太過介意、擔心他人會如何看待自己，希望你能想起所謂的「注意力去焦」戰略，並且加以活用。假如可以拓寬自己因慌張和丟臉而逐漸縮小的眼界，就能減少浪費在懺悔、失誤方面的情感與能量。

每個人都對他人存有憐憫之心

從吉洛維奇另一個有趣的實驗裡，也可以獲得相當實用的資訊。該研究顯

＊源於古希臘的性格分類，根據體液學說所提出，認為人體由四種液體組成，分別是：血液——對應多血質、黏液——對應黏液質、黃膽汁——對應膽汁質，以及黑膽汁——對應抑鬱質。四種液體平衡發展時，會形成各種人體功能，不均衡時則會造成疾病。人的不同情緒也被認為與體液有關，根據每個人先天不同的體液比例，而形成不同的性格。

示，假如知道他人對我的處境懷有共鳴，就能減少聚光燈效果，並降低對他人評價的敏感度。

每組實驗由三名受試者共同參與，研究人員會請其中一名受試者在嘴裡含著泡泡口香糖唱歌（刻意讓他唱不好），另外兩人則擔任觀察者的角色，其中一人與負責唱歌的人進入同一個房間（內部觀察者），另一人則到完全獨立的隔間裡聽歌（外部觀察者）。

歌曲結束後，研究人員請三位與試者進行評分：負責唱歌的人預測內部觀察者和外部觀察者會給自己幾分，另外兩位觀察者則分別為主唱的實力打分數。

實驗結果如何呢？首先，與前文提到的研究一樣，唱歌的人自己預測的分數，遠遠低於觀察者的實際給分。也就是說，擔心他人會對我的不良成果給予負面評價，這樣的情形一貫地出現在實驗裡。

其次，內部觀察者與外部觀察者為歌曲給出了不同的評分。因為內部觀察者知道唱歌的人嘴裡塞滿口香糖，評分時考量到這一點，給出的分數相對較高；相反的，無從得知實際情況的外部觀察者，只會覺得唱歌的人音準和發音都不正確，於是給出了較低的分數。

第三，也就是這項實驗真正帶給我們的啟發。負責唱歌的人預測，與外部觀察者相比，內部觀察者在給分時可能不那麼嚴苛。因為身處同一個房間的人，知道自己在唱歌時嘴裡塞滿了口香糖，會以同情的眼光看待；相反的，處於另一個隔間裡的觀察者，不知道內部的實際情況，只會單純地認為他是音痴。換句話說，根據研究結果顯示，如果知曉內情的人可以理解我並產生同理心，就能減少我對於他人視線或評價的擔憂。

如果不慎犯了錯，或做出令人啼笑皆非的行為而感到丟臉時，就試著「相信別人可以理解自己的困境」吧！仔細想想，每個人不都有過寬容地接納他人失誤的經驗嗎？因此，希望你能記得別人也抱有同樣的想法。

再進一步思考，我們最需要在乎的人，其實是互動頻繁，熟知且理解自己的珍貴朋友。因此，**如果把時間和生活浪費在觀察不了解自己，甚至不知道是否關心自己的人身上，不覺得太可惜了嗎？**

更何況，這些不特定的人當中，其實大多也都懷有憐憫之心。在諮商現場裡，愈是把世界當成可怕叢林，將所有人視為敵對對象的人，愈會對他人的視線耿耿於懷。雖然引發症狀的原因各不相同，但若對他人的目光感到疲憊的話，建議你多對世界和他人付出一些信任。

並非受制於他人，而是自己畫地為牢

假如自己對特定行為抱有負面觀感，那麼在做出某些行為時，就很可能對他人的視線更加焦慮。就這個層面來看，反省自己的內心帶有何種偏見，思考該觀點合不合理的過程，都有助於擺脫外在的制約。

雖然最近「獨自吃飯」變得很常見，但萬能博士對此仍然有難以跨越的障礙。每當看到有人獨自用餐，腦海中就會自然而然地浮現「他為什麼一個人吃飯呢」、「習慣獨來獨往嗎」、「是不是有什麼不得已的苦衷」等想法。因此，她也害怕如果自己一個人在外用餐，其他人會怎麼看待自己。

相反的，漫心在獨自吃飯蔚為流行之前，就經常一個人去烤肉店吃燒烤，獨自用餐已達滿級（遊戲用語，意指某項技能達到最大值或最高等級）。就算在食堂裡看到有人單獨用餐，她也會抱持中立觀點，認為對方「肚子餓了需要馬上充電」，或是帶著正向態度，覺得對方「可以盡情吃自己喜歡的食物」。因此，漫心並不覺得獨自吃飯有什麼大不了的。

難以獨自在外用餐的萬能博士，有一次不得不面對自己的問題。在孕期的某一天，她突然很想吃血腸湯，但走到了店門口，又因為沒勇氣推門入內而再度折返。她繞著血腸店在巷子裡兜兜轉轉，苦惱了非常久（可見有多麼想吃），最終還是沒能走進去。在錄製《心理學，懂了就釋懷了》時，漫心聽完萬能博士的告白，提議進行一場「獨自吃血腸湯的任務」！借助於此，萬能博士終於在隔週挑戰了一個人用餐，並且順利達成目標。店內意外地有很多人獨自在吃血腸湯，看到這幅情景的萬能博士勇氣大增，而且在嘗試過後，她發現一個人吃飯其實也沒什麼大不了，因此產生了自信。

就像這樣，礙於他人視線而做不到的事，一旦嘗試過一次，就會發現無須大驚小怪。雖然踏出第一步很難，但若試過且適應了，就會漸漸對他人的視線免疫。已熟悉獨自用餐的漫心，一開始也碰到不少困難，因為第一份工作需要經常外出，很多時候不得不一個人吃飯。「與其隨隨便便打發一餐，不如挑選自己想吃的食物吧！」帶著這樣的想法，漫心開始嘗試各式各樣的餐點，擴大選擇範圍。與此同時，獨自用餐的尷尬逐漸消失，也不再那麼介意他人如何看待自己了。

吉洛維奇進階版的T恤實驗，也證明了上述現象。先前介紹過的實驗，受試者被要求穿著印有歌手巴瑞．曼尼洛人像的T恤，直接進到觀察者所在的房間。而進階版的實驗，則是請受試者穿上T恤等待十五分鐘後，再進入觀察者所在的地方。實驗結果顯示，等待十五分鐘後再進入，與馬上就進到房間的受試者比起來，較不認為觀察者會留意並記得自己T恤上的人像。

換句話說，愈是長時間、反覆地暴露在尷尬與不自在的情境裡，就會愈適應和熟悉這種情況。此外，在心中照亮自己的聚光燈，也會逐漸變得稀微和黯淡。因此，**不妨先跨出去嘗試看看吧！親身體驗一下自己會有何種感受。反覆地熟悉過後，就不會再對他人的視線感到畏懼了。**

最後，我想把阿爾弗雷德．索薩（Alfred D. Souza）引用過的知名愛爾蘭諺語分享給大家：**「跳舞吧！就像沒有人看著你一樣。」**

我們不可能總是展現完美的一面，即使竭盡全力，偶爾也會犯下失誤，或者出現不良的結果。礙於他人視線而做不到的事，一旦嘗試過一次，就會發現無須大驚小怪。雖然踏出第一步很難，但若試過且適應了，就會漸漸對他人的視線免疫。

實踐看看吧

從他人的視線中解放，學習「不在乎」的技巧

1 持續自我提醒

回想一下吉洛維奇的T恤實驗，隨時隨地提醒自己：「其實人們不如想像中的在意我。」

2 嘗試看看那些因害怕而做不到的事物

把那些自己想嘗試，但礙於他人視線而無法達成的事寫下來吧！先鼓起勇氣踏出第一步，然後觀察一下自己和周遭的情況。人們真的會把焦點放在我身上嗎？感受到什麼樣的情緒？盡量讓自己反覆、熟悉這樣的過程。

3 活用「分散焦點」的策略

因失誤而感到慌張時，不妨先採用「分散焦點」的戰略。假如只把焦點集中在自己的疏漏上，視野就會日益狹隘，也會更加畏懼他人的視線。盡可能把環境因素、引發失誤的其他原因等梳理一遍，另外反省一下是否有哪些偏見或刻板印象，對自己造成了阻礙，並時刻自我提醒：「目前只有我一個人感到不自在而已。」

4 學習付出信任

試著相信他人的理解能力和同理心。每個人都會犯下類似的失誤，並因此陷入困境。人類，其實沒有想像中的那麼殘酷。

10

無法推辭的「好人情結」——拒絕他人真的好困難

有些人特別難以表達拒絕之意，正珉就是典型的案例之一，例如不曉得怎麼婉拒路上發的傳單，面對朋友提出的邀約，就算拖著疲憊的身軀也會前往……而這種程度還屬於輕微的，因為傳單只要丟到回收桶即可，和朋友見面通常也能度過愉快的時光。

問題在於，不知道從什麼時候開始，正珉總是感到非常疲憊，而且不斷在工作堆裡掙扎。因為不懂得拒絕他人，為了滿足所有同事的請託，加班的情況愈見頻繁。隨著體力逐漸下降，他對身邊之人也愈來愈不耐煩。就像難以拒絕他人一樣，正珉不會開口請求協助，即使工作負擔沉重，他也習慣一個人把所有事情吞下去。

正珉喜歡被周圍的人評為熱心善良且能力優秀，當人們在遇到困難時找上自己，他可以在提供幫助的過程中獲得滿足與成就。但是，不知從何時起，一股委屈的感受湧上心頭，因為即便自己竭盡全力，似乎也沒有人了解，更不會得到同等的回報。於是，他不禁開始認真思考，「難以拒絕他人」，會不會也是一種病？

拒絕的話，好像就會成為壞人……

我們為什麼難以把「不」這個字說出口呢？對拒絕一事感到困難是人類的本性，做為社會性動物，我們需要有團體的歸屬感，也會拚命努力不被排除在圈子之外。此外，基於所謂的互惠原則，我們會默默認為只有接受他人的請求，往後自己的請託才會被接受。

有一項研究，充分證明人們有多討厭伴隨拒絕而來的不自在。由心理學家凡妮莎．博恩斯（Vanessa Bohns）領導的研究小組，請二十五名大學生去拜託同校的陌生人，在圖書館藏書上塗鴉「酸黃瓜」三個字。令人驚訝的是，受到請託的學生當中，大約有一半都同意做出毀損公物的行為。就像這樣，人類連不道德的要求都不忍推卻，心中為難的程度可見一斑。

不過，如果仔細觀察的話，會發現有時人們不太懂得婉拒，有時又可以斬釘截鐵地回絕。因此，不要因為自己好幾次都沒能說不，**就斷定自己「一定是不會拒絕」。相反的，應該嘗試轉變想法，意識到「原來我在這種情境下會難以推辭」**。如此一來，才能順利消化心中的不自在，用自己期望的方式回應或婉拒他人的請求。否則的話，我們就會總是把自己當成受害者，一邊答應他人的要求，一邊又在心裡暗自嘀咕，埋怨對方為什麼找上自己，或是「為什麼我就是不懂得拒絕，老是自找麻煩呢」？

有時，所謂的「好人情結」，也會導致我們難以拒絕他人的請求。「好人情結」指的是為了獲得「善良」、「熱心」等評價，而反覆壓抑自己內心的想法與欲望。

我們在潛移默化之中，學到了所謂的「好人」就是要善於回應他人之託、樂於提供幫助。仔細想想，只要積極回應他人的要求，即便自己會蒙受損失，也能獲得褒揚或稱讚。因此，「如果不善良就會被討厭」，這樣的信念悄悄在內心裡盤旋不去。具有「好人情結」的人，經常沒有考慮自己可以做到何種程度、內心有什麼需求，只是一味地察言觀色，專注於獲得「好人」的評價。

前文提到的正珉，也是因為內心渴望被評價為好人，所以在生活中總是無條件聽取他人的請求，事事予以配合。不過，當聽到「真的不懂你是個怎樣的人」的反饋時，正珉著實大吃一驚。因為覺得配合對方的喜好為佳，所以他連去餐廳也都會點選對方想要的食物。長期下來，他已經習慣了不表示個人意見，也自然不曾深入思考自己想要什麼。**希望被看作好人的欲望——反過來說，其實是害怕自己被討厭，以致於凡事都迎合他人，結果最後變成一個沒有個性的人。**

探索正珉的潛意識後，發現他的內心充滿恐懼。正珉的父親是位父權主義者，倘若違背他的指示，家庭就會發生紛爭。假如正珉對父親表示「我不喜歡那個」、「我不想那樣做」，父親就會勃然大怒，甚至遷怒母親，進而引發夫妻爭執，矛盾與衝突不斷。因此，正珉的心中非常害怕自己的拒絕或反對，會成為家庭革命的導火線，而這種擔憂也擴及到人際關係上，導致他很難對別人說不。

發現自己心裡藏有好人情結後，正珉開始能在人際關係中客觀地看待自己。為了獲得「善良」這樣的評價，他習慣性選擇讓步、放棄或體諒他人，最後才驚覺一段關係中只有自己單方面努力，委屈和難受的感覺頓時湧上心頭。而且，其實對方也對完全不表示意見的正珉感到不滿，從在餐廳點菜到執行工作，缺乏個人意見的正珉讓人倍感鬱悶，導致雙方互動漸漸變得困難。這樣的結果相當諷刺，**想要與他人建立良好關係、希望彼此之間沒有矛盾的正珉，卻反而搞砸了人際關係。**

為了獲得認可而不惜勉強自己

「渴望獲得肯定」也是源自於好人情結，而這也可能是難以拒絕他人的原因之一。假如仔細觀察這類人的心理狀態，會發現他們不想給人「做不到」的感覺，而且自己也非常厭惡那種感受。「對不起，我無法幫忙」，他們害怕這句話在對方耳裡聽起來就像「我能力不足」，對此陷入焦慮。強烈渴望證明自身能力的人，無論面對工作還是人際關係，經常都不懂得推辭或婉拒。長此以往，很容易就會把太多事情攬在身上，陷入慢性疲勞。

過去的漫心就是如此。每當接到工作邀約，她就很難開口拒絕。雖然有千萬種理由可以推辭，但她擔心對方會認為自己「沒有能力處理才婉拒」。因此，即便已排滿行程，她還是會把新的邀約硬吞下來。

萬能博士則是在拒絕他人時，內心會感到非常不安。假如把工作推給其他人，又擔心自己與請託者的關係會變得疏遠，所以即使內心不太情願，口頭上還是允諾了對方。長期下來，工作量變得愈來愈大，身心總是處於疲勞狀態。

「拒絕敏感度」（rejection sensitivity）也會讓人難以開口說NO。所謂的「拒絕敏感度」，指的是內心非常害怕被回絕，擁有過度敏感、反應激烈的傾向。面對他人的推辭，拒絕敏感度高的人會將其解釋為「對方討厭我」、「把我拒之門外」，因為對被拒絕一事懷有極深的恐懼，所以他們也不太懂得向他人請求協助。**其實，「拒絕」只是不接受被委託或請求之事而已，把他人的拒絕視為**

否定自身存在，動不動就感到受傷的人，在面對他人的請託時，同樣也會陷入難以推辭的窘境。

從這一點來看，應該適時收回自己過度的同理心。我們通常會推測假如自己拒絕的話，對方「一定很難受」、「內心可能感到受傷」，但事實上我們根本無從得知對方的想法。倘若是基於這種原因而難以回絕他人，就有必要思考一下自己是不是拒絕敏感度高的人。說不定，對方的感受根本和你不一樣，不會因為被拒絕而感到沉重，或者內心就此留下創傷。

最後，若不知道自己想要什麼，也會使拒絕一事變得困難重重。因為自身的需求、重視的價值和生活的優先順序不明確，所以當對方提出請求時，就會在欠缺考慮的情況下貿然應允。不過，很多時候隨之而來的情感並不愉快，以致於最後總是責怪自己「為什麼要答應人家」，或對提出委託之人心生埋怨。

屬於這種類型的人，必須根據自己生活的優先順序和價值訂出原則。例如原則上「週末的時間想留給家人」，那麼面對價值比這項原則低的請求時，就會比較容易開口拒絕。當然，並非所有事都要機械化地按照原則走，實際上也不可能達成；偶爾碰到緊急或有意義的事，也可以打破原則予以回應。釐清自己認定的重要價值和優先順序，就可依據原則進行判斷，如此一來，草率允諾他人、事後又感到懊悔的情況，是否就能大幅減少呢？

所謂的「拒絕敏感度」，指的是內心非常害怕被回絕，擁有過度敏感、反應激烈的傾向。面對他人的推辭，拒絕敏感度高的人會將其解釋為「對方討厭我」、「把我拒之門外」，因為對被拒絕一事懷有極深的恐懼，所以他們也不太懂得向他人請求協助。

懂了以後更輕鬆的心理學

YES是我的選擇，NO是對對方的體貼

就算是勇於開口拒絕的人，事後也難以立刻釋懷，情感一定會產生波動。否則的話，前文提到在圖書館藏書上塗鴉的實驗，這種不合理的請求又怎會有那麼多人答應？

假如希望自己在拒絕他人時能稍微輕鬆一點，那麼建議你先審視一下自己在哪些情況下，或者基於何種需求和恐懼，特別難以開口向他人推辭。是不是為了逃避恐懼、滿足欲望，所以選擇「答應他人請求」這種最簡單的途徑？又或是你現在就在後悔、不滿的泥淖中苦苦掙扎呢？

即使掌握了個人因素，一時之間也很難改變。如果你屬於這種類型，不妨謹記接下來的幾項關鍵技巧，然後加以練習、活用。「拒絕的時候，務必要把結論放在前面，明確地表達回絕之意」，例如收到不想答應的委託時，一開始就

要把話說清楚。若對方追問理由，只要簡單扼要地說明即可，接著再傳達出自己沒能應允的遺憾。

拒絕時最糟糕的情況，就是讓對方持續抱有希望。如果用一些冠冕堂皇的理由來包裝，反而讓對方心懷期待，不如明確地拒絕提案，讓對方能盡快尋找其他對策。這種方式，或許才是真正的體貼。

不僅僅是工作，在人際關係方面，假如知道某人對自己懷有好感，但自己無意讓關係進一步發展時，最好能明確表達拒絕之意。一拖再拖、坐等對方自己摸摸鼻子放棄的心態，很可能是因為不想讓自己變成壞人，或者是打算把對方當成備胎。如果不知道該怎麼回絕，就試著把立場互換，思考一下自己會希望對方怎麼做。假如我是他的話，會想要被「凌遲」嗎？答案應該是否定的。**在工作或人際關係上碰到難以推辭的狀況時，不妨試試看「換位思考」，如此一來，或許更能理解自己的拒絕不是壞事，反倒是得以顧全雙方的舉動。**

拒絕他人時，經常會擔心對方會不會覺得我很無情、彼此的關係會不會因此決裂，或者對方是否會認為我能力不足。整體而言，對方很少會產生我們預想的負面感受。當然，有時就算我們考慮到各種情況，鄭重地予以拒絕，但對方還是會失望，甚至顯露出不友善的態度。這種時候，我們必須提醒自己，對方的行為、反應與我無關，**我們無法連他人的情緒都一併扛起。**

把拒絕變成選擇，嘗試轉換觀點

實在難以開口表達拒絕之意時，觀察自己內心的思維模式，才是最接近問題核心的解決方法吧？為了減輕回絕、推卻時的負擔感，建議轉換一下自己對「拒絕」的觀點。

第一，不是無法拒絕他人，而是自己難以放下心中渴望的事物。仔細回想一下前文提到的原因，會發現不管是哪一種情況，其實裡頭都藏著自己的渴望：希望被當成好人、想要獲得認可與關愛、不想讓對方受傷，或者想為他人提供協助等。追根究柢，**之所以無法拒絕他人，是因為自己內心渴求的事物，與是否答應對方的要求息息相關。**

最近，萬能博士接到非常吸引人的合作提案，雖然超過她的能力範圍，卻很難開口拒絕對方。在仔細想過一遍之後，才發現裡面藏有萬能博士的個人欲望——因為提案十分有趣，所以內心不想放棄。於是，她領悟到了自己並非不懂得拒絕，而是根本放不下透過該合作案可能獲得的利益。假如能釐清自己足以承擔的範圍和渴望的事物，並且權衡其中的利弊，或許就能更明確地表達拒絕之意。

第二，把拒絕變成選擇，嘗試轉換觀點。難以拒絕的時候，就是關係到個人渴望的時刻。如果能清楚分辨自己的需求，拒絕就不再只是從「應允」或「推卻」之間二選一，而是站在滿足個人渴望的角度去做判斷。如此一來，「我」就會成為選擇的主體，責怪他人或推卸責任等情況也會跟著減少。

讓我們來看一個與「拒絕用語」和「控制感」有關的有趣實驗吧！根據喬治亞大學凡妮莎．帕特里克（Vanessa M. Patrick）教授與同事進行的實驗，在表達拒絕時，「我不要」（I don't）和「我不能」（I can't）這兩句用語，會在行為上顯現出差異。研究人員提供垃圾食物給有減重計畫的實驗參加者，並且讓其中一組在拒絕時說「我不吃」，而另一組則是回答「我不能吃」，接著在實驗過程裡反覆地練習。

實驗結束後，研究人員讓每位受試者自行挑選一樣小點心做為謝禮：其中一個籃子，裝的是高卡路里的巧克力棒，另外一個籃子，則裝有健康的穀物棒。研究結果顯示，回答「我不吃」的組別，選擇穀物棒的比率明顯較高；而強調「我不能吃」的組別，選擇高卡路里巧克力棒的比率，幾乎比另一組高出兩倍。換句話說，「我不要」這句話充滿了自我控制感，但「我不能」這句話，卻讓人有種受到外部因素影響的感覺。

只是選擇不同的拒絕用語，實驗結果卻令人驚訝。反覆表示「我不要」後，感覺自我控制和權限都獲得強化，最後在不知不覺間，做出更多與個人目標一致的行為。相反的，一再強調「我不能」，就會更切身體會到無力感，在真的被賦予選擇權時，反而失去了自制能力，最終做出與個人目標不符的舉動。

當我們表示拒絕時，如果說「抱歉，我做不到」，就會覺得是外部壓力或因素導致自己無能為力，因此，開口「拒絕」就會變得十分困難，讓人下意識想要逃避。反之，**如果說「抱歉，我沒有意願」，就會有一種操之在我的感覺，**

回應時也較能理直氣壯。

關鍵就在於看待「拒絕」一事的角度。當然，我們也可以說：「有點困難，我沒辦法。」但重要的是，不要認為自己是在無可奈何的情況下才拒絕對方，而是手中握有控制權，幾經考慮後才予以回絕。如此一來，開口拒絕他人時，才會變得更加輕鬆、容易。此外，在那之後的行動與責任，也會回歸到自己身上，不至於陷入怨天尤人或自我譴責的地步。

漫心有一次心不甘情不願地參與了一場飯局，和預想中的一樣，用餐期間她一直感到不自在，覺得是在浪費時間。但仔細想想，她發現自己的內心一方面想拒絕應酬，一方面又懷有「不妨出去看看」的想法。「說不定會很有趣」、「也許會成為很棒的經驗」，這樣的想法，讓漫心自發性地做出了選擇。因此，答應出席聚會的責任在我，感受到的尷尬也應該由我承擔。在轉換觀點之後，先前沒能婉拒邀約的負面情緒隨即煙消雲散。此外，漫心也明確地訂立出原則：無論心中抱有何種期待，如果席間的各種不自在會讓人難以忍受，就應該選擇不出席。

當然，不可能每次都有辦法清楚分辨，然後果斷地拒絕對方，**無法立刻認知、馬上做出判斷也沒關係。**只要多累積幾次經驗，反覆地思考和理解自我，像是在什麼時候會覺得開口推辭很困難、內心有什麼樣的想法會干擾判斷、我應該做出什麼樣的選擇……等，就能漸漸掌握心中的拒絕基準。

我們不可能總是忠於自己的需求，或許人生就是如此吧？有時也要考慮到對方的狀態或團體的規範。假如不得已必須違背個人心意，答應他人的請求，那麼希望大家能換個角度思考，想想「這些都是我的選擇」。唯有如此，才能不在過程中怨天尤人，以灑脫的心態把事情做好，不是嗎？

說到底，**以自我理解為基礎，制定出標準與原則，並且無論是拒絕或應允，都由自己做出判斷、擔起全責**——這些，才是能讓拒絕變得更輕鬆、更容易的關鍵。

實踐看看吧

輕鬆婉拒難以推辭的請託

1 觀察自己在面對拒絕時的內在欲望

不要單純地覺得「很難拒絕」，而是要確認自己內心是否有期待被滿足的某種渴望。

2 轉換觀點，將拒絕或應允視為我的「選擇」

嘗試改變思考方式，亦即接受或拒絕不是出於無可奈何，而是根據個人需求和想法做出的選擇。

3 平時就練習如何開口拒絕

在進行性教育時，我們會告訴孩子哪些情況可能具有危險性，讓他們練習說出：「不行，我不要。」就像這樣，覺得拒絕他人很困難的話，就試著在平時練習看看「這件事我有點難答應」、「不行」等拒絕用語吧！反覆的演練將會在實戰中發揮效果。

4 果斷地表達拒絕之意

拒絕時，把結論放在開頭，簡單明瞭地講清楚。如果自己還在猶豫，當然可以給對方留有餘地，但若已有確定的意向，那麼最好不要給對方說服我的機會。別忘了，明確的拒絕也是體貼對方的行為。

拒絕他人時，經常會擔心對方會不會覺得我很無情、彼此的關係會不會因此決裂，或者對方是否會認為我能力不足。整體而言，對方很少會產生我們預想的負面感受。當然，有時就算我們考慮到各種情況，鄭重地予以拒絕，但對方還是會失望，甚至顯露出不友善的態度。這種時候，我們必須提醒自己，對方的行為、反應與我無關，我們無法連他人的情緒都一併扛起。

11 瞬間脫口而出的話，又再次造成傷害

秀真和成浩是結婚滿一年的夫妻，兩人因為相愛而走入婚姻，如今也對彼此的愛沒有懷疑。不過，他們只要開啟對話，彼此的意見就會出現分歧，最後成為互相消磨的爭執。秀真認為成浩沒有認真聽自己說話而感到傷心，成浩則是覺得秀真經常在指責自己。兩人一對話就要以吵架收尾，於是他們現在連交談都覺得害怕，忍不住加以迴避。

敏靜覺得和女兒相處起來很吃力，因為上了國中的她拒絕對話，對任何事都三緘其口。小時候女兒經常嘰嘰喳喳地講個不停，口才也很流利，但進入青春期之後，就完全變了個樣子。每次問女兒要不要聊聊天，她就會說自己和媽媽

難以溝通，不想再受到傷害了。敏靜非常擔心性格一百八十度轉變的女兒，同時也很難過女兒因自己的話受到創傷，到底是哪裡出問題了呢？

我們從未學過如何好好對話

在人際關係中受創的案例，大部分的原因都是來自於親近或相愛之人。不過，這並不代表受害都是單方面的，很多時候，我們也會在有意無意間，為珍貴或親近之人帶來巨大的創傷。

雖然這之中存在著各式各樣的理由，但最大的問題在於「互相拋出的言語」。也就是我們「無意識地」脫口說出許多判斷、規範或要求對方的話，絲毫不曉得這些話會如何被解讀；接著，對方受創的心靈就像迴力鏢一樣反擊，刺痛我們的肺腑。

那麼，為什麼我們會犯下這樣的錯誤，導致關係不斷惡化呢？那是因為我們從未學過如何好好地對話。因為彼此心生矛盾而到諮商中心求助的情侶或家人，在接觸到真正健康的對話法並接受訓練時，都會異口同聲地表示：「以前學校為什麼沒有教這些？」

沒錯，我們一直以來都沒有學到真正重要的課題。也就是該如何開啟對話，才能在不傷害對方的前提下，確實地理解彼此心意，最終成功獲得各自想要的事物。

> 在人際關係中受創的案例，大部分的原因都是來自於親近或相愛之人。不過，這並不代表受害都是單方面的，很多時候，我們也會在有意無意間，為珍貴或親近之人帶來巨大的創傷。

非暴力溝通，不斷地學習、熟悉再練習

有一種溝通模式，講求不傷害他人、徹底理解彼此的心意，那就是由心理學家馬歇爾．盧森堡（Marshall B. Rosenberg）所提出的「非暴力溝通」。顧名思義，就是不帶有暴力性的對話方式，又稱為「長頸鹿溝通」。這個別稱，可以說是希望我們回想看看脖子細長的長頸鹿，平時觀察周圍、體恤四方的模樣，也可以說是期許我們像陸地動物中心臟最大的長頸鹿一般，用寬廣的心胸擁抱他人以進行對話。

在介紹「非暴力溝通」之前，我想先說明這項對話方法的特點。「非暴力溝通」最具特色之處，在於它不只教授我們溝通的「技術」，還探究了溝通的「本質」。「我們為什麼需要溝通」、「想要透過對話獲得什麼」、「為什麼會透過帶有攻擊性的言語彼此傷害」，更進一步談到了「怎樣才算是良好的關係」。學習「非暴力溝通」，可以深入思考打造健康關係的對話本質。

不互相傷害，讓彼此真心交流的溝通法

非暴力溝通由四個階段組成：觀察、感受、需要、請求。就讓我們逐項學習，一起練習看看吧！

①觀察

非暴力溝通的第一階段，指的是觀察實際發生的情況，並如實表達出來。也就是排除個人的評價與判斷，客觀地看待對方的行為並予以反應。

例如孩子賴床時，你對他說：「為什麼這麼懶惰！」這算是正確的觀察嗎？答案當然是否定的。只看到孩子起得晚，就認為他個性懶散，這當中充滿了個人的主觀判斷與評價。那麼，在言語上怎麼表現比較好呢？「本來說好九點起床，結果你睡到了十點。」就像這樣，把看到的情況如實表達出來，就是所謂

「觀察」的核心。

仔細觀察平日的對話，會發現我們經常在無意間講了很多帶有評價的言語，而聽到這些話的對方，可能因此受到創傷或心情低落。類似「懶惰」這樣的用語，會讓孩子有被指責的負面感受，以致於不想再和媽媽進一步對話。此外，有時候為了自我保護，防衛機制也跟著啟動。換句話說，摻雜評價的話語一旦出現，就再也沒有展開健康對話的餘地。

將評價與事實徹底區分開來，就是「觀察」階段的核心，但這件事並不如想像中容易。一般而言，我們都傾向站在個人的立場上看待對方，因此無法將評價從內心裡完全排除。不過，即使浮現在腦海中的想法帶有評價，我們依然可以嘗試在表達時忍下來，將個人的判斷從中抽離。

假如進行得不順利，就回想一下自己開啟對話的目的：「我說這些話是為了什麼？想要表達自己的評價與判斷，讓對方心情不好嗎？還是打算告訴對方我的需求，彼此互相溝通呢？」如果目標為後者，將更容易分辨什麼才是較好的對話模式。**摻有評價的話語，為的只是發洩當下的情緒或確認自身的優越感，**

不僅無法讓對方卸下心防，反而會把心門緊緊地鎖上。

「觀察」對聽者和話者雙方都不可或缺，聽者可以藉此放下守備的姿態，準備傾聽對方要說的話，而話者則是能藉此剔除言語裡的個人判斷，做好開啟話題的準備。

以觀察為基礎展開溝通時，有一些用語需要特別注意，例如經常出現在對話裡的**「一直」**、**「總是」**、**「每天」**、**「絕對」**、**「從未」**等強調性詞彙，很容易引起聽者的反駁或申辯。

像是若對晚歸的配偶說：「你每天都這麼晚才進門！」對方就會有被指責的感覺，接著進一步反駁道：「我什麼時候每天都很晚回家？」如此一來，對話就會演變成「是不是『每天』都晚歸」的攻防戰，主題自然也漸漸失焦。因此，觀察實際情況、採用中立言語表現，就是非暴力溝通的起點與重要態度。

②感受

第二個階段，就是表現和傳達自身的感受。這裡必須特別留意的地方，**在**

於懂得區分「感受」與「想法」。每當我們被要求表達「感受」時，脫口而出的經常都是「解釋」或「想法」，最具代表性的例子，就是「我好像被無視了」。雖然乍聽之下很像在表達感受，但實際上，這種說法也是在解釋自己如何看待他人的行為。另外，「我好像被誤會了」、「我對他來說好像不重要」等，也都是加入「個人解釋」的言語表現。

「我好像被無視了」如果要轉換成感受的話，應該怎麼形容才恰當呢？可以根據實際情況，利用「難過」、「傷心」或「孤單」等情感詞彙加以表現。倘若不希望把想法、解釋和感受混為一談，就要對自己的情緒擁有正確的認知。多熟悉一些形容情感的詞彙，將有助於表達自身感受。

假如能明確、具體地認知並表達自己的感受，就容易引起對方的共鳴。在某些情況下，坦率地表達自身感受時，沒有人會予以指責或否定。解釋和判斷雖然有可能受到防禦或反駁，但屬於我的內心真實情感，沒有人能否定或駁斥。

③需要

第三個階段，是認知並表達自身需求。我們的感受和需求緊密相連，當需求被滿足時，就會產生正向積極的情感；如果受到挫折，就會升起負面情緒。

我們經常誤以為他人的行為或反應，是導致情感產生的原因。但事實上，他人的反應只是刺激或催生我們的情感而已，最根本的原因還是自己隱藏在內心的欲望。因此，正確認知內心的渴望，就是察覺和調解情緒的關鍵。

例如我們在配偶晚回家時產生了憤怒與難過的情緒，表面上會說是因為對方晚歸所以自己才生氣。但若進一步分析，會發現這種情緒其實來自於自己的某種欲望或需求受挫。那個欲望是什麼呢？有可能是希望晚餐時間能和另一半一起度過，也可能是期待對方能早點回家照顧孩子。

在將欲望和情感連結起來表現時，建議使用「因為我希望~所以~」，或是「~很重要，所以我產生~的情緒」表達。假如因為配偶晚歸而生氣，可以對他說：「因為我想和你一起共度晚餐時光，你晚回家的話，我會覺得難過和孤單。」不過，通常我們最容易說出這樣的話：「你為什麼每次都那麼晚回家？我們真的是住在一起生活嗎？你從不把家庭放在眼裡，腦中只想著工作！實在很令人火大！」現在，就讓我們仔細思考看看，如果想讓對方產生共鳴，應該怎麼表達吧！

切記，不要將他人的行動或反應與自己的感受連結起來，要認知並表達出自身的感受和需求。如此一來，將較容易承擔起個人的情緒。就像在「觀察」和「感受」兩個階段提到過的，倘若因為對方的行為而產生負面情感，並將之表現出來的話，對方聽起來就像是指責，心裡可能會覺得受傷，也可能就此啟動防衛機制。反之，如果坦率地表達出欲望，對話就會往建設性的方向發展，對方也較能理解、體諒並專注在話題上。

溝通的目的，不在於讓對方屈服或承認錯誤，不是嗎？事實上，溝通正是為了和對方相處融洽、互相理解，讓彼此緊密地連結。但是，我們經常因為當下的情緒或自尊心，脫口說出足以破壞關係的話。亦即，我們在話語中加入自己的判斷、解釋或評價，把責任歸咎到對方身上，最終導致雙方關係惡化——這就是為什麼對話若不是往建設性的方向走，反而具有破壞性的原因。

第三階段之所以困難，原因就在於認知和表達內心的欲望並不簡單。在日常生活中，很少有機會去細想自己的渴望為何，或者希望獲得什麼樣的事物。

此外，將自己的渴望原封不動地揭露，有時會讓人感到羞愧，有時又很傷自尊心。而且還會擔心萬一說出來被無視，或者得不到滿足的話，屆時該如何自處。因此，最後經常演變成希望對方「讀懂我的心」、「猜到我的想法」，也就是「答案已經定下來了，你只要回答正確就好」。

坦率表達內心的需要，對人們來說異常地艱難，偶爾也會擔憂說出口之後，自己是否就過度依賴，或者成為了弱者。但是，能正確認知自身欲望，並健康地表達出來，才稱得上是獨立且堅強的人。他們清楚地知道，覺察並表達出自身需求，實際上操之在我，而聽完後要如何反應，則完全取決於他人。

④請求

最後一個階段，是向對方請求自己想要的事物，亦即透過對方滿足自己明確的個人需求。如果想要發揮成效，就必須活用「正向的行為語言」。

我們容易犯的錯誤，就是在提出請求時，經常使用「不要～」之類的否定語或禁止語。這樣的語句表現，只是讓對方在當下暫停了我不喜歡的行為，並不能真正敦促對方做出符合請求的行動。此外，否定語會瞬間引發對方的負面情緒，進而採取防衛姿態。

「不要～」是父母教養孩子時，經常在無意間脫口而出的句型。當然，若是要緊急制止孩子的危險行為，禁止或命令能發揮立即性的效果。不過，如果想教導孩子正確的行為、達成健康的溝通，不妨努力嘗試使用正向語言吧！例如孩子在吃飯時間東晃西晃時，與其對他說「吃飯時不要到處亂跑」，不如改成「我們吃飯時坐在位置上吃吧」。

另一個訣竅，是比起抽象、模糊的描述，使用具體的表達方式更佳。例如希望公司的後輩工作時更有責任感，「在職場上要有責任心」之類的勸戒可能會效果不彰。站在聽者的立場，也許還會反駁道：我已經很負責了，你到底在說什麼？處理工作時「責任感」的標準因人而異，且更重要的是，這句話過於抽象，難以打動人心。

面對這種情況，如果要求對方做出一些具體的行為，效果會更加顯著。例如後輩經常無法遵守報告的交期，讓人覺得缺乏責任感，那麼建議直接告訴對方「希望你的報告能準時呈上來」。

當提出請求的人表達得模糊不清時，聽者也可以透過提問釐清對方的要求。

例如女友向男友表示「請你多體諒我一點」時，男友可以反問對方：「我做出什麼樣的行為，可以讓你有被體諒的感覺？」說不定，女方從未想過這個問題，反倒因此而豁然開朗，覺得自己受到了男友尊重。假如女方表示「希望我說完話之後，你可以給我一個擁抱」，那麼收到具體指示的男方，就會更容易回應女友的要求。如此一來，兩人都能感受到以關懷和理解為基礎的溝通經驗，彼此之間的信賴與親密感也會更上一層樓。非暴力溝通，就包含了這種相輔相成的樂趣。

傳達要求時，不讓人有被強迫的感覺也很重要。假如對方認為不聽取要求，可能就會受到指責或不利的影響，那麼這就是一種強迫。該如何區分請求和強迫呢？為了避免對方有「強人所難」的感受，比起「去做～」、「幫我做～」之類的命令句，**改用「希望你可以～」、「可以幫我～嗎？」之類的勸誘方式會更好**。

假如希望孩子主動打掃，比起命令他「去整理房間」，不如改成「希望你可以打掃一下房間」。聽到命令式的句型，不管是大人或小孩，都會升起一股反抗之心。相反的，如果是勸誘型的說法，聽者會有一種被尊重的感覺，並且認為自己有選擇的權利，將更願意在行動上予以配合。

為了不要讓請求聽起來像強迫，最重要的就是在對方拒絕提議時，我們表現出了什麼樣的態度。假如是用批評或指責來應對，那麼不管語氣有多溫柔，都等於是在情緒勒索。例如男友向女友提議：「今天晚上我想和你見面，能空出一點時間嗎？」而女友回答：「我今天有點累，想要早點回家休息。」這時，如果男友的回覆是：「我也很累啊，但為了跟你見面還是硬撐著，你真自私！看來你沒有那麼愛我！」這就是一種強迫；相反的，如果回答女友：「原來你今天很累啊，雖然有點可惜，但你今天先好好休息，我們下次再見面吧。」原本的邀約就會被視為請求。

倘若根據需求向對方提出要求是我的權利和自由，**對方也可以根據個人的需求和情況予以拒絕**。上述的道理，我想讀者幾乎都懂。被拒絕時自然會感到傷心或遺憾，但重要的是，我們必須保有正確的心態，不能受情緒影響而扭曲對方的意思，甚至指責或批評對方。

日積月累，養成非暴力溝通的習慣

前文依序介紹了非暴力溝通的四個階段，讀者可能會對此感到疑惑：是不是要像教科書一樣，一步一步地循序漸進呢？

每次的對話不一定都包含了前述的四個階段，根據情況不同，有可能會少了「觀察」，只運用到「感受」、「需要」和「請求」三個階段；偶爾也可能只有「感受」和「需要」派上用場。此外，還可以根據情境做進階的變化。非暴力溝通運用時的重點在於「目的」和「本質」，假如我們可以謹記**溝通的目的不在於攻擊、傷害或勝過他人，而是希望坦率地表達自身感受與需求，與對方進行交流**，就已經做好了非暴力溝通的準備。

即使熟悉了非暴力溝通，有時也可能會突然忘記，瞬間冒出原有的說話習慣，但願你不要因此而過於失望或挫折。努力學習非暴力溝通，自詡為溝通達人的漫心和萬能博士，在日常生活中也經常發生失誤。這種時候，與其陷入挫折，不如試著停下來回顧、反省一下自己為何會重蹈覆轍：「剛才說那句話時，我的感覺是……但我希望的是……」、「結果我是因為不想面對這種感受和欲望，所以才莫名其妙地發脾氣」、「別忘了，情緒的責任不在對方，而是在我身上」、「下次再碰上這種情況時，不要自我欺騙，好好地把感受到的情緒傳達出去吧」、「還有沒有什麼其他理由，導致我難以將自己的需求說出口呢？」……像這樣反覆加以練習，非暴力溝通就會在不知不覺中內化，成為我們說話時的習慣。

別忘了，因為我們是人，所以有可能會失誤，而且說話是一種習慣，想徹底拋棄舊習，改以新習慣替代，本來就不是件容易的事。不過，也並非完全沒有實現的可能，假如能養成健康的習慣，引發的變化將十分廣泛。除了與周圍之人的關係會產生改變，看待自我的觀點也將變得不同。此外，對於能進行非暴力溝通的自己，我們也會感到滿足與自豪。從結果上來看，個人的生活無庸置疑地發生了變化。

用心傾聽，就是最棒的交友方式

「用心傾聽的態度，是我們足以向他人展示的最高禮讚。」

——戴爾．卡內基（Dale Carnegie）

如果非暴力溝通的其中一個核心，是坦率地表達和提出我的感受及需要，那麼另一個核心，就是共鳴與傾聽。在感覺到他人真心傾聽我的話語時，那些原本不打算說出來的故事，就會在不知不覺中傾瀉而出，將對話慢慢地導向深度交流。有時我們還會在溝通的過程裡，發現自己未知的情感與想法。

最近許多腦科學研究，也證明了與此相關的現象。日本群馬大學拓東川道教授和同事透過功能性核磁共振造影（fMRI）發現，如果有某個人認真傾聽自己說話，與補償相關的大腦領域就會隨之變得活躍；換句話說，大腦出現的反應，與獲得金錢報酬、獎賞或稱讚等正向反饋時一模一樣。

假如有人願意給予傾聽，我們就能感受到滿足、快樂與喜悅等情緒，更會以積極正面的角度看待對方，對其付出信任。

那麼，如何才能好好傾聽他人說話呢？有一首韓國童謠，完整地描述了傾聽的本質——〈最棒的交友方式〉（친구 되는 멋진 방법，暫譯，鄭秀恩作詞），就讓我們來品味一下歌詞吧！

第一步是打招呼
聽朋友說話是第二步
第三步是真心附和（對！對！）
接下來的第四步，就輪到我的故事了
雖然有很多話想說，但還是再等等吧
哈哈哈哈，用眼神給予微笑，對啊！對啊！在內心深處給予理解
沒錯！沒錯！只要真心分享的話
就會有真正成為朋友的感覺
最棒的交友方式，就是用心給予傾聽
啦啦啦啦一步，啦啦啦啦兩步
用心給予傾聽，就是最棒的！

是不是很讓人感動呢?只要把這首歌的歌詞銘記在心,其他也沒有必要多做解釋了。「傾聽」不是只用耳朵,而是要全心全意——這就是「傾聽」的起點,也是終點。

現在,就讓我們更具體地探討,哪些方式有助於傾聽,哪些方式會造成妨礙吧!首先,「主觀式」地把焦點放在自己身上,在傾聽他人說話時就會受到影響。亦即比起全心專注在對方的話語上,我們腦海裡想著的是「那句話對我有什麼意義」、「如何適用在我身上」等。當然,聆聽演講或商品說明時,或許會需要前述的態度,但若面對朋友或客戶時,也一直把焦點放在自己身上的話,情況又會如何?對方肯定覺得相當洩氣,完全不想再講下去。

觀察這些人的說話方式,會發現他們經常如此回應:「聽你剛才講的,我突然想到……」接著突然聊起其他話題,或是反駁對方:「你那沒什麼,我還曾經遇過……」然後又扯到其他地方去。此外,建議對方「遇到那種情況,不妨試著~」,也屬於上述的情形。**雖然給予建議看似專注在對方的話語上,但追根究柢,很多時候也只是為了滿足自己表達的欲望。**

相反的，如果「以對方為中心」，就可以全心全意地傾聽，完全集中在對方的話語上，成為一面最完美的鏡子。單純地懷著好奇心，觀察對方說話時的情緒、講了哪些內容、經歷過什麼事情，如此一來，自然而然就能給予回應，或者針對某些部分加以提問。

在聆聽他人的故事時，我們也會想起自己的經驗，有些話急於和對方分享。不過，如果能暫時放下這種欲望，先充分給予傾聽，對方就會高興地繼續說下去，體會到溝通的樂趣。而為了加以回報，也很有可能會豎起耳朵，認真傾聽我想說的話。

此外，除了專注聆聽對方以言語傳達出的訊息，還可以用心觀察表情、聲調、手勢等非語言訊息，甚至是難以具體表現出來的情感等，並據此給予對方回應。這種方式，被稱為「用全身心傾聽」。

然而，有一點需要特別留意：在針對對方沒有表達出來的情感做反應時，只要稍有不慎，就容易流於主觀判斷。因此，**切勿以個人標準去猜測對方的情感或想法**。假如推測錯誤，對方可能會覺得「明明不是那樣……為什麼要提前下結論？」、「憑什麼那樣說呢？」對此感到不舒服。與其貪心地認為每次都要搶在對方說出口之前先行反應，不如回歸到傾聽的本質──尊重對方，全心全意聆聽對方想說的話。

秀真和成浩夫婦，敏靜和女兒，他們當然都深愛著彼此，不過錯誤的語言習慣和態度，讓他們在某些時候傷害了對方，隨著類似經驗逐漸增加，感情的裂痕也日益加深。他們是否能和好如初，好好地向對方表達自己的心意呢？

假如彼此之間仍有愛，就有可能回到最初的狀態。不過，天下沒有白吃的午餐，努力與練習缺一不可。希望大家能熟讀本章介紹的非暴力溝通，以及傾聽的本質和技巧，並在日常中加以練習。這樣的努力和演練，不僅僅是為了他人或改善關係，而是期許自己擁有更健康的心態。〔若想進一步了解非暴力溝通，可參考光啟文化出版的《非暴力溝通：愛的語言》（馬歇爾．盧森堡著，蕭寶森譯，二〇一九）〕

實踐看看吧

透過健康的對話改善人際關係

1 熟悉非暴力溝通

讓我們熟讀非暴力溝通的四個階段：觀察、感受、需要、請求，並試著運用在日常生活裡吧！無論是戀人、父母或同事，任何關係都適用非暴力溝通。此外，這四個階段不一定要全都派上用場，也不必依照順序進行，可以根據情況和條件，只表現和傳達出必要的步驟。

2 養成傾聽的習慣

在對方說話時，全神貫注地予以傾聽吧！展開對話之前，不妨先把手機放在一旁。此外，還要注意別讓自己的主觀判斷或評價干擾對話，也別為了滿足個人欲望，就打斷他人說話的節奏。

12 因為害怕心愛的人離開而變得執著

快三十歲的敏智，和男友已交往了一年，但最近兩人頻繁地發生爭吵，讓她感到相當苦惱。尤其在聯絡不上男友時，敏智心中的不安與焦慮愈發嚴重。如果對方在聚餐時沒有接電話，或是訊息一直呈現未讀狀態，她就會完全無法專注在自己的工作上，雙手一刻也離不開手機。情況嚴重時，她會刻意留下幾通未接來電，然後不斷傳訊息給對方，直到視窗出現「已讀」兩個字為止。敏智也知道自己的行為不理性，更擔心對方覺得她黏人，所以努力想自我克制，但最終還是未能成功。隔天再和男友見面或聯繫時，一定會為了前述之事吵架。

在戀愛初期，男友會隨時與她聯繫，因為她曾表示自己對這個部分非常敏感，所以對方也特別留心她的感受。不過，最近男友愈來愈忙，不能再像以前一樣經常回覆電話或訊息，敏智開始懷疑男友是不是對自己失去興趣，或者彼此的愛情已逐漸冷卻。當然，就理性上來說，敏智也可以理解男友的情況，見面後如果對方一如往常地照顧自己，她也會隨之感到心安。但問題就在於，當自己需要和男友聯絡時，如果對方無法即時給予回應，那一瞬間的不安和懷疑，就會如野火燎原般一發不可收拾。

為什麼會覺得世界只剩下自己，然後無止境地感到不安與傷心？

有些人會像敏智一樣，在與心愛之人的關係裡承受著不安，並出現過度執著的行為。仔細觀察的話，會發現他們的行動來自於渴望被愛的心理，卻因此不停折磨對方，自己也愈發覺得痛苦。最終，他們又會體驗到負面的人際關係，以致於無法對他人付出信任。具有類似經驗的人不在少數，只是程度上有所差異罷了。究竟為什麼會出現這樣的問題呢？

首先，所謂的「關係」本來就伴隨著不安。也就是說，只要是人，天生就會對關係感到不安，更準確地說是「對分離感到焦慮」。人類自出生後，就必須經歷與母親的分離，這是最初的心理創傷，也是足以引起不安的事件，讓人產生斷絕感、失落感、孤立感與無力感。因此，本質上害怕與他人分離、成為孤立狀態的人類，只能渴望與某人建立關係並相互連結。

更何況，如果愛上一個人，幸福或喜悅等特別的情感也會隨之而來。不過，就像光與影一樣，內心深處同時也會感到害怕，擔心那美好的幸福會像海市蜃樓般突然消失。因此，雖然明知道不合理，卻也難以壓抑這股焦慮，於是表現出懷疑、執著或綁住對方的種種行為。

這裡我想強調的是，**對一段關係產生不安，是每個人都會經歷的基本狀態**。不過，這股焦慮究竟會讓人陷入煎熬，還是能不破壞關係、帶來正向的人際體驗，都取決於我們如何看待、調節自身的情緒。

依戀的三種類型：安全型依戀、逃避型依戀、焦慮型依戀

在人際關係裡，有些人會過度感到不安，這種情況很可能屬於焦慮型依戀。就算不懂心理學，「依戀」這個詞對一般人來說也不陌生。所謂的「依戀」，指的是對某個人產生強烈又執著的情緒。在生命初期，有些人會與主要養育者形成安全型依戀，有些人則是焦慮型依戀。根據依戀理論的解釋，形成焦慮型依戀的人，往後在人際關係中也很難獲得安全感，會面臨許多恐慌的情緒。

為了讓大家更容易理解「依戀理論」，試著想像一下與太空船連在一起的太空人吧！太空人因為要探查某顆行星而離開太空船，此時，如果自己與太空船連結的繩索夠牢固、可靠，那麼太空人將會更加安心、盡情地展開探索。相反的，如果繩子太過脆弱且難以維持，太空人就會時刻擔心著無法回到船上，以致於不能大膽地自由行動。

此處的太空船，指的是生命初期的主要養育者，太空人則是孩子，而連結兩者的繩索，就是所謂的「依戀」。幼年時與主要養育者形成健康、穩定依戀的孩子，較能自由且安心地探索世界，也不會排斥與他人建立關係。相反的，依

戀關係脆弱且不穩定的孩子，很可能會像焦慮的太空人一樣，在探索世界時遭遇困境，而且會害怕與他人建立關係。因此，就這層意義來說，也有學者指出「依戀」就是我們的「安全堡壘」。

透過以嬰幼兒為對象進行的某項實驗，可以發現依戀主要分為幾種類型。這項有趣的實驗，是由發展心理學家兼依戀理論研究者瑪麗·愛因斯沃斯（Mary Ainsworth）主導，又名「陌生情境測驗」。研究人員將實驗室布置成充滿玩具的遊戲空間後，邀請孩子和媽媽入內。在剛開始的幾分鐘，孩子和媽媽一起玩耍，接著，陌生人也進到同一個空間。幾分鐘後，媽媽把孩子留在遊戲室裡，自己先行離開。這時，研究人員會觀察孩子出現什麼反應。接下來，當房內的陌生人接近孩子時，研究人員也會把孩子的表現記錄下來。最後，媽媽再度回到遊戲室裡，此時孩子的反應，也是研究人員分析的重點。綜觀孩子上述的行為，大致可將依戀分為三種類型。

第一種是「安全型依戀」。這類型的孩子和媽媽在一起時，會高興地拿著玩具打鬧；當媽媽離開房間時，就會感到害怕和不安，這是相當自然的反應。不過，若某人（不認識的人）前去給予安慰，孩子可以恢復平靜，然後重新開始玩耍。最後，當媽媽回到遊戲室時，孩子可能會非常開心，也可能會嘔氣一陣子，接著又馬上投入媽媽的懷抱，重新找回穩定的情緒，開心地玩起玩具。這些孩子相信，就算暫時見不到媽媽，也不代表自己被媽媽拋棄了。

第二種是「逃避型依戀」。這類型的孩子，不管與媽媽同處一室或暫時分離，都表現得不冷不熱，就算見到媽媽回來也沒有太大的反應。表面上看起來，這類型的孩子似乎沒什麼壓力，而是毅然決然地表現出獨立的模樣，因此經常被誤以為是個性成熟、穩重。不過，如果對他們進行有「壓力荷爾蒙」之稱的皮質醇檢測，會發現數值異常地高。與看似冷靜的外表不同，他們的內心極度不安，但無法表現出來，只好一味逃避。換句話說，這些孩子對主要養育者感到害怕。通常受到父母棄置不顧、不曾體驗到穩定的情緒，或者媽媽總是以抗拒的態度教養孩子時，就很容易形成逃避型依戀。

第三種是「焦慮型依戀」。這類型的孩子有個明顯的特徵，他們會同時感受到兩種相反的情緒，並受到矛盾情感的支配。假如突然看不見媽媽，他們會嚎啕大哭或者陷入不安。但是，當媽媽重新回到房間，並緊緊給予擁抱時，他們的情緒也難以平靜下來，反而會試圖將身體往後抽離，或者繼續放聲大哭。之所以會有這樣的情形，是因為孩子和主要養育者之間的關係不穩定，導致他們很難對主要養育者付出信任。有時溫暖地擁抱孩子，有時又冷漠地加以迴避，如果養育孩子的態度缺乏一貫性，就很容易變成焦慮型依戀。

為什麼要如此詳細地介紹依戀理論呢？因為幼年時期與主要養育者形成的依戀類型，對成年後的人際關係也會持續造成影響，尤其在親密的戀人或夫妻關係中更為明顯。

長大成人後，也可以找回穩定的依戀狀態

嬰幼兒時期與主要養育者形成的依戀，將建構出自己與他人的形象，亦即在心中是否認為自己是值得被愛的存在，他人是否為可以接近且值得信賴的對象等。依戀理論的專家約翰・鮑比（John Bowlby），將之稱為「內在運作模式」(internal working model)。

孩子對主要養育者（包含母親在內）構築出的正面或負面形象，會隨著年

齡增長，逐漸擴展到朋友或戀人等重要的對象身上。如果養育者提供給孩子足以形成安全型依戀的環境，那麼孩子在長大後，也會認為他人會回應自己的需求，是值得信任的存在，抱有積極正向的態度。反之，若養育者採取迴避或缺乏一貫性的教養方式，孩子日後也會對他人抱有消極否定的想法。

「內在運作模式」會持續對親密關係造成影響，根據對自我和他人建構出的意象組合，大致可以區分出四種人際關係模式。（請參考上方圖表）

人際關係模式

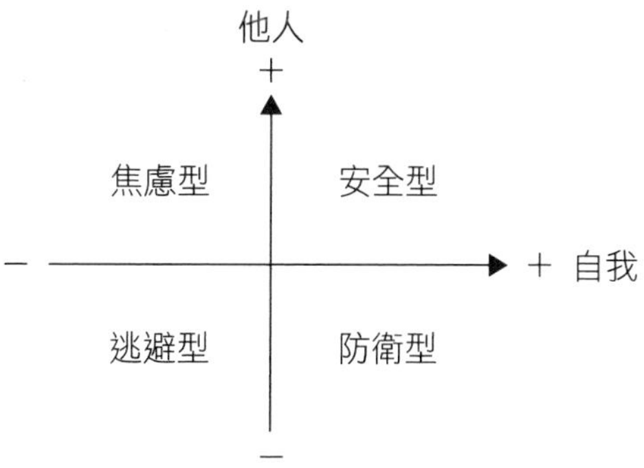

對自己和他人都抱持肯定態度的人，屬於圖中的「安全型」。這類型的人因為相信自己也信任對方，所以能建立親

密又自主的人際關係。就算對方不在身邊，他們也不會感到焦慮，可以保持平穩的狀態。假如與對方發生矛盾，他們或許會將當下感受到的負面情緒和不自在表現出來，但不會有過於激烈的情緒起伏，而是把重點放在如何解決問題。如同自己是珍貴的存在一般，他們認為對方同樣值得珍惜，所以會展現出尊重和體貼的一面。

對人際關係深陷苦惱的人，大多屬於圖中的「焦慮型」。這類型的人覺得自己沒有被愛的資格，認為對方非常優秀，難以相信這種人怎麼會愛上微不足道的自己，對此感到非常不安。而「焦慮型」又被稱為「執著型」，因為他們總是想確認對方愛不愛自己，想讓雙方完美地契合。假如對方在互動上稍有疏忽，他們就會開始擔心自己是不是被拋棄。此外，焦慮型的人還有一項特徵，他們無法坦率地表達個人需求，而且在人際關係上經常會選擇自我犧牲或苦苦糾纏，像孩子一樣賴著對方，使其無法離開。

對自我和他人都持否定態度的話，在人際關係上又會如何表現呢？試著想像兩隻豎起尖刺的刺蝟，就更容易理解。在寒冷的天氣裡，只要稍微靠近一點就能變暖和，但彼此因為害怕刺傷對方而不敢前進，這就是「逃避型」最常見的狀態。這類型的人，在與他人走得近時會感到不舒服，也害怕敞開心胸會受到傷害，所以下意識地與人保持距離。另外，他們不習慣與人分享情感，因此很難達到真正的情感交流。如果碰到矛盾或爭吵的情況，他們會選擇沉默不語，或者乾脆突然失聯。

最後，有一種類型看起來對人際關係不感興趣，他們認可自己的價值，但是對他人持有負面態度，對人際互動非常排斥，所以又被稱為「防衛型」或「排除型」。他們覺得與其和一個無法預測、不甚理想的對象共處，還不如自己一個人過得自在。雖然「防衛型」的人不太煩惱人際關係，但想和他們親近的朋友經常會受到創傷。如果被周圍的人指責，他們就會再度肯定自己的信念：人們果然都很煩，不如自己一個人比較好。

如果依戀關係的形成是在嬰幼兒期，是否代表與我的意志無關，人際相處的模式已經定型？假如我屬於逃避型或焦慮型依戀，未來好像就只能面臨不穩定的戀愛或夫妻關係，讓人深感失望和挫折。此外，當父母回想起子女的狀況時，也會苦惱有沒有什麼方法可以提供協助。那麼，究竟該怎麼辦呢？

這裡我想介紹一個理論，足以讓人重新燃起希望——習得的安全感。亦即，就算幼年時期形成了不穩定的依戀關係，在成長過程裡（或長大成人後）也可以找回安全型的依戀。換句話說，**依戀的類型是可以被改變的**。

例如遇到好的老師、朋友、戀人或配偶，體驗到健康的人際關係時，過往對自我和他人形成的意象，就會產生積極正向的改變。有些人因為碰到契合的戀人或配偶，無條件地受到關愛與包容，從中獲得了安全感，對他人的信賴也就開始逐漸提高。能在日常關係中擁有上述的經驗固然很好，如若不然，**有時心理諮商也是可以讓依戀關係趨於穩定的方法**。因為在接受商談的過程裡，可以體會到值得信賴的人際關係與健康的互動。

懂了以後更輕鬆的心理學

現在的我，充分擁有被愛的價值

處於戀愛中的人，一定都想建立幸福且健康的關係，這就是為什麼各種戀愛諮詢節目提供的訣竅或方法，總讓人忍不住豎耳聆聽。不過，如果我們不能先讓自己成為一名健康的人，就算遇到好的對象，也極有可能在相處上嘗到失敗的苦果。

當然，因為人際關係是雙向的，就算我擁有正確的心態，也可能運氣不佳遇到不好的對象。但是，這種時候，至少我們會得以具備足夠的判斷力和勇氣，與傷害自己的人斷絕關係，甚至可以利用健康的態度，讓對方進一步產生改變。因此，**若想擁有幸福的戀愛或健全的婚姻生活，先決條件就是要讓自己成為一名健康的人。**

他人無法解決我的孤單與空虛

如果戀愛時經常感到不安或過度執著，就有必要檢視一下自己締結關係的原因，而「關係指向模式」(Belongingness Orientation Model, BOM)，就是與此相關的理論。在該理論中，建立人際關係的欲望或動機分為兩種，一種是成長的欲望（growth orientation），另一種則是降低匱乏的欲望（deficit-reduction orientation）。

成長欲望高的人，在人際關係中會專注於讓自己進一步發展和茁壯。相反的，降低匱乏欲望強的人，較渴望藉由人際關係彌補自己的不足與缺憾。當然，建立關係的理由不會只有一個，但若側重在透過他人以填補內心的空虛，那麼焦慮與依賴的情形就會更加嚴重。

實際上研究結果亦顯示，渴望降低匱乏欲望的人，具有關係焦慮、孤獨、自卑等適應不良的心理因素。他們之所以與人建立關係，是為了受到接納和填補空虛，但諷刺的是，這樣的傾向反而使他們離心愛之人愈來愈遠。相反的，成長欲望較高的人，會在關係中得到安全感與心理上的滿足。出自真心的關懷與

☀ 成長的欲望vs.降低匱乏的欲望

我與他人建立關係的理由……

成長的欲望	降低匱乏的欲望
一起分享各式各樣的話題，從中獲得學習與快樂	有種被他人接納的感覺
對對方懷有好感	因為不想一個人
出自真心的關心對方	下決定時需要有人提供意見
透過彼此的關係互相了解，從中獲得學習與快樂	渴望填補生活裡的空虛

體貼、想一起學習與成長的動機，一段關係如果立基於此，將會讓人感到更加充實。

當然，這份研究不是因果關係，只是相關的論點而已，我們可以將其解釋為：心理方面穩定、對人際關係感到滿意者，通常成長欲望也較高。此外，這也是一個很好的契機，可以讓經常對關係感到焦慮之人，檢視一下自己為何對他人格外執著，以及如果想建立健康的關係，又該從何處開始著手改變。

為了填補自己的空虛和匱乏才與人交往，這種行為就像舀取海水止渴，或許暫時解了燃眉之急，但過沒多久，不就會受到更大的折磨嗎？人際關係也是同樣的道理。

我充分擁有被愛的資格

因為想彌補缺憾而與他人建立關係，這類型的人一般擁有較低的自尊感。假如自尊感低落，亦即缺乏自我尊重的態度，無法盡情活出自我的話，感受到的自我滿足也會相對微弱。因此，他們很可能會傾向透過人際關係，填補自己的匱乏與空虛。從這個層面來看，為了奠定健康的愛情基礎，必須懂得自我審視，並且努力培養健康的自尊感。

以哲學為基礎，創作出別具一格的愛情小說的艾倫．狄波頓（Alain de Botton），在《我談的那場戀愛》(*Essays in Love*）裡，有一段關於愛情和自尊感的敘述：

> 我們戀愛，是因為想擺脫墮落的自我，與理想的人在一起。但是，如果有一天對方真的愛上我的話該怎麼辦？我一定會震驚不已。（中略）我們經常會忍不住問：「如果他／她真的那麼優秀，怎麼會喜歡上我這樣的人？」

如果認定自己微不足道，那麼當某個人愛上自己時，就會開始陷入無止境的猜疑：「他居然會喜歡那麼不起眼的我，一定是本來就沒有我想像的那麼優秀！」接著，還會總是想確認彼此的關係：「那麼好的人為什麼會愛上我？是真的喜歡我嗎？會不會看到我沒出息的樣子，就馬上轉身離開了呢？」假如在與人交往的過程中一直感到焦慮，對彼此都造成困擾的話，首要之務就是觀察看看自己的自尊感。

換句話說，**如果想建立良好的關係，與其一味把期待放在對方身上，不如先反問自己：我是否懂得自我肯定，覺得自己有被愛的資格？**如此一來，當喜歡自己的人出現時，我們才能放下一切的懷疑，從關係中感覺到愛，與對方達成幸福的互動。

切斷損害自我與人際關係的惡性循環

如果經常對戀人或配偶過度執著，在關係中感到不安的話，可以試著將自己的注意力分散到其他關係或角色上。接下來，我想介紹一下與此相關的「自我複雜性」（self-complexity）。對自我的主觀評價和認知，以及對自我身分的認識等，被稱為自我概念，而這個自我概念愈是多元，「自我複雜性」就愈高。

我們不可能只擁有一種角色，或者只處於單一的關係裡。例如在公司既是上班族，也是某個部門的主管，而在家中則是小女兒；另外，還可能是某個人的女友、社團的總務、高中同學聚會的固定成員等，在各種關係裡擔任不同的角色。如果「自我複雜性」高，自我概念也是由各種關係裡的多重角色綜合而成，因此，即使其中一段關係發生問題，也可以透過其他關係加以恢復或緩解壓力。

前文提到的敏智，也不只是某人的女朋友而已。在對戀人過度執著、依賴且感到焦慮時，不妨試著回想看看其他關係中的自己，專注在另一個角色上吧！比起焦躁不安地抓著手機，不如聯繫、問候一下其他朋友，或者把注意力放在之前因忙碌而未能成行的事情上，足以替代的方案多不勝數。

敏智明明知道男友並非故意不接電話，而是因為在忙其他事，為什麼她依舊如此焦慮呢？原因就在於敏智打從心底覺得，對方如果真的愛自己，不管身處什麼情況都一定會給予回應。「無論如何自己都要居於對方的首位，否則就是他已經不再愛我了」，敏智很有可能受到這種思維的影響和支配。

與此相關的心理學概念為「拒絕敏感度」，亦即對拒絕或否定所感受到的敏感程度。拒絕敏感度高的人非常害怕被回絕，所以會極力捕捉或分析任何一個微小的細節，並表現出憂慮的傾向。假如這種情形過度，不僅會破壞關係，甚至很可能會因不健康的互動而倍受壓力。實際上，由心理學家杰拉爾丁．唐尼（Geraldine Downey）和斯科特．費爾德曼（Scott I. Feldman）進行的研究中，拒絕敏感度的高低，在人際關係上表現出了差異。

在第一項研究中，與受試者交談的對象，突然在休息時間離開了現場。此時，拒絕敏感度高的人，會認為對方是不是討厭自己所以才離席，或者質疑自己是不是做錯了什麼，開始感到焦慮甚至憤怒。相反的，拒絕敏感度低的人，則較少產生類似的負面情緒，只會覺得對方可能突然有急事，所以才匆匆忙忙地離去。

第二項研究是以情侶做為實驗對象，根據結果顯示，拒絕敏感度高的人，其伴侶普遍對彼此的關係感到不滿。在進行一連串的分析後，發現拒絕敏感度並不是造成此現象的直接原因，而是在模糊或中立的情況下，拒絕敏感度高的人會放大解釋為「我們的愛情冷卻了」、「你對我付出的較少」等。這些嫉妒或攻擊性的行為，才是另一半對戀情失望的直接原因。

依戀關係是健康自我的基礎，形成焦慮型依戀的人，自尊感普遍較低。於是，他們會對拒絕變得敏感，在人際關係中總是反應過度。最終，因為焦慮、放大解釋、懷疑或執著等行為，使關係瀕臨瓦解。而這種情形，又再度讓他們認定自己微不足道，根本不值得被愛，重複在關係裡感到焦慮、自尊感下降。因此，無論從哪裡下手，都必須斬斷這種無限反覆的惡性循環。

如果想建立良好的關係，與其一味把期待放在對方身上，不如先反問自己：我是否懂得自我肯定，覺得自己有被愛的資格？如此一來，當喜歡自己的人出現時，我們才能放下一切的懷疑，從關係中感覺到愛，與對方達成幸福的互動。

實踐看看吧

奠定雙方一同成長的健康愛情

1 試著捫心自問：「真的會發生那種情況嗎？」

仔細觀察看看，在對一段關係感到焦慮時，內心會產生怎樣的恐懼。接著，讓我們捫心自問：這種恐懼與擔憂到底合不合理？

2 專注在對方值得信任的部分

回想一下對方的品行，或是兩人一起度過的時光、共同克服的危機等美好經驗吧！如果很難自己做到，也可以詢問周圍的朋友。

3 把注意力轉移到其他事情上

如果當下很難找到對方值得信任的點，也不要一味給自己壓力，乾脆把注意力轉移到其他事情上。最好先想想看自己可以做些什麼，例如打電話給朋友、散步、看電影等，有自覺地把重心放到其他事物上，就能漸漸忘記焦慮。

Chapter

4

用小小的行動，為自己找回今日的快樂

每個人憂鬱的面貌各不相同，有些是他人一眼就可以分辨，有些則是表面上毫無徵兆，甚至連自己都未曾察覺。在人前總是笑容滿面，但內心卻異常憂鬱，這種情況被稱為「隱匿性憂鬱症」或「微笑憂鬱」。很多時候，憂鬱症從表面上完全看不出異狀。

13

瞬間跌落谷底的感覺，這難道是憂鬱症嗎？

雙手一點力氣也沒有。好不容易才又撐過了一天，但在走進家門的瞬間，咬牙苦撐的那口氣立刻消失殆盡。就算只是安靜發呆，也會不知不覺唉聲嘆氣，莫名其妙地流下眼淚……這應該是憂鬱吧？

如果有人說憂鬱只是心靈的感冒，我一定會忍不住揍他一拳。我很想知道：為什麼這種「感冒」只會如影隨形地跟著我，而不是黏在你身上？當然，我沒有力氣打人，也沒有追問的熱情，能做的不過只有瞥他一眼。

不久前，在見到久違的朋友時（延期、取消好幾次後，才總算得以見面），我向他吐露自己的心聲：「我覺得自己好像是憂鬱症。」但得到的回應讓人感到淒涼：啊？你嗎？

大家好像都不知道，我的每一天只是「努力撐過去」而已。有人雖然想死，但還是想吃辣炒年糕，而我則是內心沉重又潮濕，彷彿就要陷到地底下一樣，滿腦子只想著該如何拖過今天。我繼續工作、吃飯、與朋友見面，有時也會展露笑容。聽說得到憂鬱症的話什麼事也做不了，但我還能正常維持生活，應該不是憂鬱症吧？只是偶爾很想從地面上消失時，會覺得這種鬱悶的心情未免太過難熬。

憂鬱是每個人都會經歷的情感，只不過色彩和濃度各不相同。雖然我們經常使用「憂鬱」這個詞，但背後代表的狀態與情緒也因人而異。因此，很多人分不清自己到底是真的陷入憂鬱、得了憂鬱症，或者只是暫時性的情緒低落。

隨著大眾愈來愈關注所謂的「憂鬱」，相關資訊也如雨後春筍般出現。不過，我們依然很難判斷自己的狀態是否還在可忍受範圍，或者已到了嚴重的地步。**憂鬱的面貌十分多樣，導致我們一不小心就會失察，結果狠狠地受到打擊。**憂鬱會以什麼樣的型態找上門來呢？我們有什麼方法可以健康地面對？

憂鬱的症狀瑣碎且不規則

應該沒有人不曾經歷過憂鬱，或者根本不知道憂鬱是什麼。身體一點力氣也沒有，失去平時的活力、不自覺地流下眼淚、覺得難過或悲慘、沒胃口且經常睡不好、腦海中總是浮現想死的念頭……等，憂鬱以各式各樣的面貌出現在我們眼前。

憂鬱時會受到影響的領域非常多，只是強度有所差異而已，例如情緒、動機、行為、想法或身體狀況等，都會連帶受到波及。首先，情緒會經常陷入哀傷、空虛的狀態，失去快樂和興奮的感覺，不管做什麼都覺得無趣，彷彿內心空蕩蕩的。除了心情低落之外，欲望也會跟著降低。在感到鬱悶時，對平時喜歡的事物也會興致缺缺，更不可能想接觸新的領域。不管做什麼，都像是迫不得已、無可奈何一樣。此外，憂鬱也會體現在行為上，與非憂鬱狀態時相比，動作會變得緩慢或喪失動力，說話時則是速度趨緩、頻率減少，而且顯得有氣無力。

憂鬱時最明顯的症狀是認知，亦即和思考方式有關。**不僅會自我否定和指**

責，還會認為世界根本不與我同一陣線，總是處處妨礙，深信自己不管做什麼都不可能順利。對自我、世界和未來全都抱持負面態度，這就是所謂的「認知三角」（cognitive triad，亦稱negative triad，憂鬱認知三角）。

這些症狀都是彼此相連的，假如思考方式消極，就會覺得什麼事情都沒有做的必要，也沒有心情執行，身體自然不會有所動作。而如果只是這樣一直放空下去，情緒就只會更加低落。此外，身體方面也可能出現症狀，像是頭痛、眩暈、腹痛等各種痛症。假如我們可以察覺自己最近有點憂鬱、做什麼都缺乏動力，並且適當地表現出來，那麼就只會是一種情緒上的經驗而已，否則的話，就容易在身體方面出現症狀。

有些憂鬱是會明顯變得無力和悲傷，任何人都可以輕易看出來，而有些則是像先前提到的案例一樣，表面上毫無異狀，內心卻烏雲籠罩。這類型的人明明很憂鬱，可是仍會開心地露出笑容。若突然變得沉默寡言、總是陷入呆滯的話，就會不斷被問「怎麼了嗎」、「是不是發生什麼事」，所以有時他們會刻意假裝開朗或健談。另外，「取消約定」也是重要的憂鬱指標之一。假如自己或周圍的朋友，經常提議要延後或取消聚會，就需要仔細觀察是不是憂鬱的一種表現。

漫心透過觀察和經驗發現，還有一個指標可以辨別暗藏的憂鬱狀態，那就是「計程車」。平常都搭大眾運輸交通工具上下班的人，如果叫計程車的次數變得愈見頻繁，或是走路也可以到的距離，卻選擇搭計程車的話，都可能是陷入憂鬱的證據。如果處於鬱悶狀態，做事就會拖拖拉拉，導致時間來不及，或者沒有力氣靠自己的雙腳移動，所以最後只能選擇搭計程車。

憂鬱的面貌十分多元，特別是根據年齡層不同，症狀也有可能不一樣。嬰幼兒可能會用拒食來表達憂鬱，兒童則是會減少移動、身體出現症狀或者過度敏感。而青少年的症狀尤其明顯，除了臉上經常寫著煩躁與不滿之外，還可能做出反社會行為。我們老是指責青少年到底對社會有什麼不滿、為什麼如此具有攻擊性，但別忘了，反抗也可能是憂鬱的另一種表現。成年人在感到憂鬱時，有能力去吃美食或兜風以轉換心情，但兒童和青少年相對之下資源和方法都較少，只能以其他形式表達自己的情感與狀態。老年期的症狀也相當獨特，除了記憶力下降、思考速度變慢之外，嚴重憂鬱時還會產生妄想或幻覺。

憂鬱是日常生活中會體驗到的普遍情緒，但若因為鬱悶的情緒而倍感痛苦，甚至難以維持正常生活的話，建議確認看看自己是否罹患憂鬱症。《精神疾病診斷與統計手冊 第五版》(*DSM-5*)，將「幾乎每天都感到憂鬱，持續大概兩週左右，對所有活動都失去興趣或愉悅感」定義為憂鬱症，具體的症狀和檢測標準，請參考下一頁的表格。當然，即使符合檢測標準的項目，也不代表自己現在就是憂鬱症患者；相反的，與表列的特徵不符，卻覺得自己有重度憂鬱時，也應該尋求專家的諮詢和診斷。

一樣米養百樣人，憂鬱的理由千差萬別

每個人憂鬱的症狀不一樣，引發的原因也各不相同。你是在什麼時候、因為什麼事件而變得憂鬱呢？

雖然原因可能不勝枚舉，但很多時候，壓力就是造成憂鬱的主因之一。因某件事而遭受壓力，經歷該事件後變得憂鬱，這種情況是由外部原因所導致，所以又稱為「外因性憂鬱」。提到可能帶來壓力的事件，大部分人都容易聯想到

DSM-5憂鬱症判斷基準

如果具有第一、二項裡的其中一項，且九個症狀中至少符合五個以上、持續超過兩週，就有可能罹患了憂鬱症。

□情緒憂鬱
□對日常活動喪失興趣或愉悅感：失樂症（anhedonia）
□食欲下降或增加
□睡眠障礙
□心理動作性遲緩或激躁（psychomotor retardation, agitation）
□失去活力
□無價值感或罪惡感
□無法專注或決斷
□反覆想到死亡或自殺

負面情事，不過，像是結婚、升職或生育等，在喜悅中也經常伴隨著痛苦。

也有因內部因素而產生的「內因性憂鬱」，眾所周知，神經傳導物質和荷爾蒙是代表性的內部因素，當正腎上腺素或血清素不足，或皮質醇異常高時，就會讓人變得憂鬱。而憂鬱症藥物的作用機制，就是調節這種神經傳導物質。另外，褪黑激素也與憂鬱密切相關，白天接受日照後，夜晚就會生成褪黑激素，因此又被稱為「德古拉荷爾蒙」。據研究指出，患有憂鬱症的人，褪黑激素會異常地高，且之所以會有睡眠障礙（睡太多或是睡不著），也是受到褪黑激素的影響。

容易陷入憂鬱的人，基本上想法都較為負面，**先前介紹「認知三角」（對自己、世界和未來持否定態度）為憂鬱的症狀，但這種思考模式，也是造成憂鬱的原因之一**。亦即認為世界不會符合自己的期待，人們也不可能會喜歡我。

此外，讓我們陷入憂鬱的另一個強大力量，就是「歸因思維」，亦即在發生某事件時，追究事情發生的原因和責任。一般來說，人類是以自我為中心且自戀的存在，所以基本的歸因模式為「做得好是因為我，出了錯就是因為你」。不過，有些人的思維模式與此相反，認為「做得好都是因為他人，出了錯責任全都在我，我本來就一文不值」。把失敗歸咎於自己，成就歸功於他人，這樣的思維被稱為「憂鬱症的歸因向度」，容易引發憂鬱狀態。

憂鬱的原因可用各種理論進行解釋，從精神分析的觀點來看，憂鬱感被視為對「失去」的反應。假如失去了重要之人，會對拋下我而獨自離去的對方感到憤怒和失望，但當所有情感的盡頭流向自己時，就會變成一種憂鬱的感受，也可以說是對失去重要事物的自己感到失望和內疚。

失去的對象可能是某個人的死亡或離別等具體事物，也可能是象徵性或想像中的東西。例如認為會念書才能獲得肯定的孩子，在面對成績退步或覺得自己可能考不好時，就相當於一種失去的經驗。客體關係理論*主張，假如幼年時期未能與主要養育者建立穩定的關係，就會經歷較多的憂鬱狀態。換句話說，如果存在本身沒有充分獲得認可，就會更嚴重且頻繁地陷入憂鬱。

採取謹慎又強烈的觀點來解釋憂鬱的，就是行為主義理論。該理論指出，人類的行為都是透過學習而獲得，且強調報酬與處罰；若生活中的報酬減少，就會引發憂鬱狀態。只要試著想像，無論怎麼努力都解決不了，或是想要的東西得不到，就會變得更容易理解這些情況。假如人生缺乏適當的報酬，像是自我滿足感、他人的微笑、升遷或獎金等實質性的成果，就會埋下憂鬱的種子。而如果自己的努力，反倒招來了懲罰呢？本來想把事情做好，卻搞砸或遭受批評，如此一來，陷入憂鬱的機率也會大幅增加。

根據行為主義理論所述，行為若是獲得獎賞，就會反覆出現、持續下去；行為若遭受處罰，就會消失不再出現。**假如你想從憂鬱的狀態中擺脫，卻仍停滯不前的話，很可能是憂鬱提供了某種報酬，讓你得以避開更沉重的痛苦，**也就是透過憂鬱獲得了「附加好處」(secondary gain)。換句話說，在面臨難以承受的糾紛或挑戰等情況時，因為不自覺地想逃避，所以會下意識地陷入憂鬱中。

明明憂鬱狀態讓人痛苦不堪，當然希望能盡快擺脫，但憂鬱竟然也會帶來好處？乍看之下可能很難理解，但意外的是，當中的附加收穫其實非常多。例如當你陷入憂鬱時，周邊之人就會試圖減輕你的壓力，細心地給予照顧，就算忽

＊為精神分析學的主要理論之一，說明了在生命初期與養育者建立的關係，會對日後的人際關係產生重要影響。在這個理論中，客體（object）意指重要的對象。據該理論所述，如今的關係型態，很有可能是幼年時期的再現和重複。

略了自己應該做的事，也能獲得他人的諒解。亦即，處於憂鬱狀態時，也讓人得以停留在更溫暖、寬容的環境裡。

在巨大的壓力事件面前，自我防衛機制將自然觸發，於潛意識中開始運作。當你想逃避某些事情、獲得附加收穫時，並不是出於自覺的選擇憂鬱狀態，而是在自我保護的前提下，下意識地陷入憂鬱之中。

不過，有時憂鬱不會只停留在保護的層次上，還可能進一步產生攻擊——防禦網太過強大，以致引發憂鬱症。就像我們為了躲避遠方的箭矢而穿上盔甲，但盔甲卻太過厚重，導致身體動彈不得。假如覺得自己或朋友穿著與情境不符的厚重鎧甲，就代表當下感受到了負擔與壓迫，能理解這點非常重要。

無論是憂鬱、強迫還是依賴，所有心理學上的症狀，最初的動機都是為了保護自己免於受苦。**我希望藉由憂鬱逃到哪裡去呢？建議大家仔細想一想：是什麼思維和環境對我造成如此大的折磨，以及憂鬱是否真的對我形成了保護？**

長期埋首於公務員考試的珉載，因為持續地落榜而日益憂鬱。他每天都不停寫考古題，用三角飯糰打發一餐，就這樣撐過一天又一天，好像已成為沒有感情的機器。他偶爾會陷入呆滯，連線上課程播完了都不知道，盯著螢幕好一陣子後，等回過神來才嚇一跳。以前朋友不時會傳來問候的簡訊，那時珉載可以開心地與對方聊天，但最近他連看訊息都覺得麻煩。公務員考試已經準備了兩年，他不想在這時才突然意志消沉，希望至少能撐到考完試的那一天。

考試落榜是讓珉載憂鬱的真正原因嗎？還是因為與戀人分手後，又與朋友漸行漸遠才覺得鬱悶？是落榜帶來了巨大的失落感，還是因為他覺得自己考不上，認定自己本來就是運氣不好的人？

如果要追究陷入憂鬱的原因，根本就是無窮無盡。有人就算在準備了整整一年的考試中落榜，也可以馬上打起精神繼續念書；有人則會因為一次小考沒考好，就覺得自己失去了一切。遇到相同的事件，有些人不會受到打擊，有些人則會淚流不止。而正是因為這些差異，導致我們會自責為什麼只有自己走不出來，連這點小事都克服不了，內心的愧疚感愈滾愈大。

我想介紹一本書，給那些總是在探討憂鬱的原因、忍不住自我譴責的人——柯亞力（Alex Korb）博士的《一次一點，反轉憂鬱》（*The Upward Spiral*）。在這本書裡，作者簡單明瞭地以腦科學對憂鬱進行了解釋。

書中指出，如果大腦處理事情時呈現下陷螺旋的狀態，就會讓人感到憂鬱；而這種下陷螺旋的產生原因，其實和龍捲風是一樣的。有些地區會受到龍捲風襲擊，有些地區則根本不會有龍捲風形成，這是地形、氣溫、濕度和風向等多重因素相互作用的結果。並不是因為哪個地區不好，才會受到龍捲風直接侵襲。**同理可證，陷入憂鬱也是各種複雜的因素相互作用所導致，而不僅僅是自己的錯。**

希望你不要過一天算一天，忽視了內心的憂鬱

每個人憂鬱的面貌各不相同，有些是他人一眼就可以分辨，有些則是表面上毫無徵兆，甚至連自己都未曾察覺。在人前總是笑容滿面，但內心卻異常憂鬱，這種情況被稱為「隱匿性憂鬱症」或「微笑憂鬱」。在新聞報導中出現名人自殺的消息時，經常提及這兩個名詞，**很多時候，憂鬱症從表面上完全看不出異狀。**

微笑憂鬱／隱匿性憂鬱症

被其他症狀掩蓋，讓人察覺不到憂鬱狀態，這正是隱匿性憂鬱症或微笑憂鬱的特徵。患有微笑憂鬱的人，比起一般的鬱悶情緒，更常感覺到欲望低落、頭痛、消化不良、失眠、慢性疲勞等症狀。也就是說，憂鬱的情緒受到壓抑，反而化成其他症狀出現。如同前文提到的，憂鬱在浮出表面時，都具有一定的作用，像是可以獲得安慰、共鳴，或是適當的幫助等。不過，微笑憂鬱因為看起來不像憂鬱症，所以自己或他人很難提供必要的協助。

高功能憂鬱症

表面上看似過著高效率、成功的生活，內心卻相當煎熬，這種狀態稱為「高功能憂鬱症」(high-functioning depression) 。這類型的人雖然會無止境地自我批評，在同一個地方鑽牛角尖，有時甚至用酒精或藥物自我麻痺，但在社會生活方面依然表現得相當出色。由於只能用幾近枯竭的能量維持生活，所以他們經常擔心眼前的事物需要花多少時間，是否值得投入精力。

如果懷疑自己是不是高功能憂鬱症，建議觀察看看一個人在家時的模樣，因

為這類型的人只有在獨處時，憂鬱的一面才會顯露出來。**倘若在家的每分每秒都感到空虛和倦怠，不需要出門時就好幾天不梳洗，只會呆滯地看著電視、不按時吃飯，用過的碗盤和髒衣服堆得滿山滿谷，而且他人根本想像不到自己會有這樣的一面，就很可能患有高功能憂鬱症。**因為在社會生活上表現出色，以致於在精疲力盡的狀態下，反而把私下的生活過得一團糟。

文中所介紹的各種憂鬱特質，很可能與你的狀況相符，也很可能完全不同。某些人只要一有意志消沉的感覺，就會為了擺脫萎靡狀態，更加積極地讓自己動起來；而某些人碰到相同的情況，很可能好幾天連梳洗的力氣都沒有。別忘了，這種時候，比起任何理論上的解釋，更重要的是個人實際的感受。

你的憂鬱狀態是什麼樣子呢？**雖然沒有必要刻意追究憂鬱，但希望你不要因為覺得自己和別人不同，或者認為過一天算一天，就假裝憂鬱不存在。**同樣的，面對他人的憂鬱，我們有時會試圖以自己的標準判斷，像是「那種程度我也經歷過，不能算是憂鬱吧」、「真的罹患憂鬱症的話才不可能那樣」。切記，如同每個人都擁有不同的外貌，憂鬱的特徵也各自相異。

懂了以後更輕鬆的心理學

憂鬱，是欠缺自我關懷的信號

憂鬱是一種信號，提醒我們需要自我關懷、暫時休息，同時也需要尋求安慰與幫助。憂鬱有著讓我們暫時停下來，回顧自身狀況的作用。假如在接收到信號時能做出適當的因應，就有助於營造健康的生活。換句話說，憂鬱不是非擺脫不可的狀態。

不過，嘗試走出憂鬱仍然很重要，有時就算知道方法，也還是難以自拔，因為憂鬱會讓人倍感無力，覺得什麼都不可能改變。那麼，如果想要健康地擺脫憂鬱狀態，究竟應該怎麼做呢？

催淚電影，能帶來意想不到的幫助

如同每個人的憂鬱症狀不盡相同，克服的方法也相當多元。第一個方法，就是讓自己暫時停留在憂鬱狀態。很多時候，我們會過度壓抑憂鬱的情緒，或是在還未分辨清楚內心的情感之前，就急著把抑鬱轉換為其他情感，導致最後陷入更深的泥淖。

還記得憂鬱就是伴隨「失去」而來的反應嗎？你經歷了什麼樣的「失去」呢？那件事讓你有何種感受？**不要一味責備產生情緒的自己，坦率面對內心的情感，或許就是最有效的解決之道。**假如憂鬱的重量還在足以承受的範圍，不妨讓自己稍作停留、徹底感受，如此一來，就可以更清楚地掌握自己想要什麼，以及在無法如願時，內心又會產生什麼樣的情緒。

漫心在陷入憂鬱時，經常採取「徹底感受」的戰略，像是觀賞催淚的電影、聆聽傷感的音樂、閱讀悲傷的小說等，給自己一段盡情流淚、淨化情感的時間。在發洩完情緒後，心情會變得較為舒暢，此時更容易轉化想法或自我安慰。如果內心已被憂鬱填滿，那麼不管注入多少積極正面的想法和情緒，最終都只會遭受反彈。唯有先替憂鬱情緒找到宣洩管道，才能產生多餘的空間，轉換心情。

制定簡單流程，幫助自己擺脫憂鬱狀態

「無力」是憂鬱的原因、也是狀態，而這種無力感，會在反覆的失敗和絕望中進一步蔓延。著名的心理學家馬汀．塞利格曼（Martin Seligman），曾提出一個概念叫「習得性無助」(learned helplessness)。他在實驗中製作了幾個裝有電擊設備的籠子，並且把狗關進籠內，其中有幾個籠子在狗跳躍或踩到特定按鈕時，就會立刻停止電擊。而剩下的籠子，則是不管狗兒做出什麼反應，都會持續進行電擊。

最值得關注的部分，就是在籠子裡持續受到電擊的狗兒。這些狗即使之後被移到只要跳躍就可以避免電擊的籠子裡，牠們也不會做出任何反抗，只是安安靜靜地忍受痛苦。先前成功閃過電擊的狗兒，到其他籠子裡也會繼續試圖掙

脫，但這些先前不管做什麼都沒有用的狗兒，會乾脆放棄一切嘗試。這種狀態，就被稱為「習得性無助」。

人類的憂鬱，也會在習得性無助的狀態下變得更為嚴重。當我們不是因為感受到相對的剝奪，而是處於絕對的貧困、被虐待或棄置而束手無策時，或是面對巨大的壓力和環境變化，卻沒有足以因應的資源時，我們就會感受到憂鬱，如同陷入無底洞一般。

如果現在處於絕對的困境中，尋求實質性的幫助非常重要。但是，假如我們已轉移到可以躲過電擊的籠子，卻還是帶著無所作為的慣性呢？讓我們想像一下玻璃瓶中的跳蚤吧！被置於低矮玻璃瓶內的跳蚤，在撞到幾次瓶蓋後，就會開始只跳到與玻璃瓶相符的高度——換句話說，牠們為自己設下了界限。即使之後把玻璃瓶拿掉，跳蚤也會像瓶子還存在一般，跳躍時不超過一定的高度。但假如牠們懂得抬頭看看，或許就會發現和以往不一樣的世界。

若想從習得性無助中走出來，就要讓自己嘗試做些什麼，像是重新推進這段期間耽擱的事物，或者挑戰自己未曾接觸過的領域等。不必講求特別的目標，因為生活本來就是靠各種瑣碎的事物維持。早晨起床後把自己打扮得乾乾淨淨，為自己準備一桌飯菜，清洗使用過的碗盤等，這些細瑣的日常，支撐著我們每天的生活。但是，伴隨著憂鬱而來的無力感，讓人逐漸忽略這些平凡的時刻。擺脫無力狀態的關鍵，就是不要放棄這種微小的日常；當所有事都讓人覺得煩躁、沒有意義時，不妨為自己洗個頭、換件衣服、做份料理，**這些簡單的行為，就足以讓人稍微遠離憂鬱**。

此外，制定出個人流程也會有所幫助。不要把能量浪費在煩惱是否進行或何時開始，建議養成規律的習慣，完成的事情愈多，生活就會愈加充滿安全感。堅守個人的「流程」或「儀式」(ritual)，除了可以自然完成該做之事，還能感受到達成任務的滿足與自豪。如此一來，憂鬱就會愈來愈無法介入。

治療憂鬱的強效藥——簡易的運動

運動是治療憂鬱的特效藥，因為在從事運動時，大腦會分泌出多巴胺、血清素等各種神經傳導物質，與抗憂鬱藥物具有相同作用。

「誰不知道運動對身體有好處，但問題是憂鬱讓人感到倦怠又無力啊！」假如你也認同這種說法，那麼不妨仔細看看接下來的案例。

比起心理學家這個頭銜，更適合被稱為「運動宣傳大使」的紐約大學溫蒂．鈴木（Wendy Suzuki）教授，致力於研究運動會對大腦產生何種影響。她強調，即便只是偶爾運動一次，大腦也會立即分泌讓人感到愉悅的神經傳導物質。如果期待自己每天都要進行高強度運動，將很難真正地付諸實行，且憂鬱的程度愈嚴重，實踐的可能性就愈趨近於零。但慶幸的是，我們其實只要讓身體簡單地活動一下，就能感受到截然不同的心情。

「憂鬱時應該讓自己做點什麼，從事一點簡單的運動」，筆者也知道這些建議聽起來有多沉重。萬能博士在懷孕、生產後，也陷入了嚴重的憂鬱狀態，每天都躺在沙發上，希望自己能從地面上消失。身為心理學家，也知道應該如何擺脫憂鬱，但身體總是不聽使喚，萬能博士對眼前的處境感到自責，更無緣無故開始對身邊之人發脾氣。

雖然一直覺得自己身處谷底，但偶爾情況也會稍微好轉。這時，萬能博士覺得自己不能再繼續頹廢下去，無論如何都要試著擺脫憂鬱。首先，就從踏出家門開始。萬能博士為自己訂下一條規則：**在沙發角度看得見的地方，掛上一件輕便的外套，如果看到那件外套，就不要再猶豫或考慮，先走出家門就對了。**或許散步根本稱不上是運動，但即使只在社區裡轉一圈，也會覺得有透氣的感覺，並且得以接收到憂鬱之外的情緒。希望你也能銘記在心，一點簡單的運動，就足以開闢出宣洩憂鬱的管道。

擺脫無力狀態的關鍵，就是不要放棄微小的日常；當所有事都讓人覺得煩躁、沒有意義時，不妨為自己洗個頭、換件衣服、做份料理，這些簡單的行為，就足以讓人稍微遠離憂鬱。

實踐看看吧

不被憂鬱感吞噬，有效擺脫低落心情的方法

1 承認自己憂鬱的事實

覺得憂鬱嗎？要懂得察覺並承認自我的心理狀態。家裡一片凌亂，卻完全沒有力氣收拾，這有可能不是懶惰，而是身體覺得疲累的信號。

2 讓憂鬱擁有宣洩之處

每天選一個時段、在某個空間盡情地釋放憂鬱。允許自己一天不洗頭、放任用過的碗盤堆積如山，或任由該疊好的衣服散落一地，有時就那樣順其自然也無妨。

3 不要問「為什麼憂鬱」

與其在憂鬱的原因上鑽牛角尖，不如多問問自己現在想做些什麼。想躺著就躺著，想外出的話，就為自己做好走出家門的準備。此外，不妨坦率地表示自己覺得倦怠，必要時也可以接受心理諮商或藥物治療。

4 活用認知療法，改變引發憂鬱的思考模式

認知療法被認為是對憂鬱症最有效的心理治療，重點在於改變引發憂鬱的思考模式和想法，也就是從「悲觀的歸因思維」轉換為「樂觀的歸因思維」。不妨練習看看這樣思考：事情順利的話是因為我，不順利的話，只是運氣不佳而已。此外，試著歸納各式各樣導致事件發生的原因，也有助於轉換思考模式。

如下頁所示，「歸因思維」大致可分成三個領域來觀察：第一，是在自己身上尋找原因（內部），還是在環境、狀況與他人身上找尋源頭（外部）。第二，是在性格或智能等不易變化的穩定因素中找理由，或從經常改變的不穩定因素中究責。最後，追溯原因時會擴及生活其他層面，或只侷限在特定領域。

日常生活中，可以把歸因思維運用得更加簡單：事情順利時，就回顧一下自

歸因思維的三大領域

失敗的時候	內部vs.外部（internal vs. external）	穩定vs.不穩定（stable vs. unstable）	普遍vs.特定（global vs. specific）
悲觀的歸因思維	歸咎於內部因素：一定是我的努力不夠……	歸咎於穩定的因素：原來我的能力只有這樣……	歸咎於普遍因素：我本來就做什麼都缺乏主見
樂觀的歸因思維	歸咎於外部的因素：周遭氛圍沒有順利烘托出來	歸咎於不穩定的因素：這段期間情況特別不好	歸咎於特定的因素：這件事確實和我平時的風格不搭

己做得好的地方；事情不順時，就試著推想外部狀況和環境哪裡形成了阻礙。而此處有一點相當重要，就是不要勉強自己塑造不存在的事實。假如經常刻意營造積極正向的一面，最終有可能覺得自己「只是在逃避」，因此陷入愧疚之中。轉換歸因模式的關鍵，在於持平看待那些已然存在，但自己未能察覺或考慮到的層面。

5 在陽光底下散散步

有一種症狀叫做「季節性憂鬱」，進入秋季後，隨著日照量減少，褪黑激素的分泌也會降低，進而引發失眠和抑鬱。褪黑激素和憂鬱密切相關，如果白天曬到太陽，晚上就會生成褪黑激素，能減少憂鬱的產生。因此，白日裡不妨在陽光底下散散步，同時享受日照和運動的效果。

14 無法忍受不確定性，讓「過度擔憂」支配了生活

恩智平常就是杞人憂天的類型，但最近煩惱的事物太多，甚至連覺都睡不好。她憑藉自身的努力找到工作，也有心愛的男朋友，生活過得相當愜意。不過，她還是很擔憂萬一發生什麼事，目前的生活就會瞬間崩塌。從擔心自己說的話會不會讓朋友不開心，到害怕會不會失業，或突然染上不治之症空虛地死去，以及晚年該如何養老……等，對那些根本沒有發生的事，恩智有著無窮無盡的憂慮。

此外，最近恩智還得了「疑病症」，只要稍微有點不舒服，就會擔心自己是不是有什麼重大疾病，甚至熬夜上網查資料。在難以戰勝焦慮的情況下，恩智會前往醫院接受檢查，但最後醫生的診斷都是沒有異狀，身體非常健康。雖然

確認後會感到心安，但隨著時間流逝，她又開始無止境地擔心起來。

長期下來，擔憂似乎成為一種習慣，如今恩智發現，連一些細瑣的事她都會自尋煩惱。雖然每天重複著相同的日常，但她老是害怕今天出門會不會遇到壞事，在感到無奈和疲倦的同時，她也很好奇其他人是不是都像自己一樣，無時無刻不處於擔憂之中。

杞人憂天，是因為無法忍受不確定性

類似的情況不只發生在恩智身上，這個世界幾乎沒有人可以過得無憂無慮，「擔心」可說是每個人都會經歷的情感。正因如此，才會有「解憂娃娃」*的存在吧？尤其在新冠病毒肆虐的不安時代，人們的生活全面受到影響，焦慮與擔憂也更加嚴重。

* worry dolls，一種來自瓜地馬拉的古老解憂方法，對娃娃訴說煩惱，再將娃娃放在枕頭邊或枕頭下，它就能幫你分擔這些煩惱。

其實，人生在世就是一連串的不確定。原本期待長大成人後一切都會變得清晰，但至今依然看不見輪廓也沒有答案。不管是工作或人際關係，我們都如同走在未知的鋼索上。

不過，有些人就算沒有確切的煩心事，也並未面臨危險情況，生活卻還是受到擔心和憂慮的支配。對他們來說，這個充滿不確定性的世界既可怕又艱難，到底該怎麼做才能安心過日子呢？首先，必須觀察過度擔憂之人的心理狀態，從他們的特質上，可以找到減輕焦慮的線索。

過度憂慮的人，經常有悲觀主義、完美主義、難以忍受不確定性、對解決問題缺乏自信等特質。在前面我們已經談過悲觀主義和完美主義，相信大家對這兩個概念並不陌生，也可以直覺判斷出它們容易引發焦慮。那麼「無法忍受不確定性」(Intolerance of Uncertainty) 呢？雖然不是常見的用語、聽起來有點陌生，但同時也讓人相當好奇。

「無法忍受不確定性」這個詞彙，直截了當地告訴我們「不確定性」是必須忍耐的對象。任何不確定的因素，當然都會引發不安與擔憂，要怎麼忍耐呢？假如你浮現這樣的想法，就很可能是缺乏對不確定性的耐受力。所謂的「擔心」，本質上是來自於對不確定性的擔憂與焦慮。而如何看待不確定性，或許就是減少憂慮的關鍵，因此，接下來就讓我們進一步分析這個概念。

缺乏對不確定性的耐受力，具體來說就是「無論發生的機率有多少，都難以接受可能產生負面事件的這項事實」。因此，這類型的人會認為無法預測的未來具有威脅性，並且有試圖迴避的傾向。

他們經常問自己：「萬一～的話該怎麼辦？」假如腦海裡一直重複這種負面小劇場，對危險情況的擔憂就會接二連三地襲來，然後一路想像到最壞的劇本，成為擔憂和焦慮不斷加劇的惡性循環。

現在，就讓我們利用P.313～315的量表，進一步認識「難以忍受不確定性」具有哪些特徵，同時也確認看看自己的狀態。

仔細閱讀表中的敘述，就可以猜到難以忍受不確定性的人，為什麼會經常處於憂慮狀態，無法過上充實的生活。例如「就算制定好完美的計畫，某件無法預測的小事仍可能破壞一切」，這種想法被稱為「災難化思維」(catastrophizing)，假如心中抱有類似的不安，就會一直浪費大量的時間與精力，去檢查自己的計畫夠不夠完美和周詳。此外，如果認為一點瑣事就會毀掉一切，便很難果敢地踏出去嘗試或挑戰。「在應該採取行動時，如果認為有哪個地方不明確，我就什麼也做不了」，這個項目同樣也顯露出在挑戰或實行之前猶豫不決的傾向。

「我想避開所有模糊地帶」的思考方式，也會讓生活變得疲憊不堪，除了工作之外，在關係上也會面臨困境。由於人際關係是雙向的互動，必定會有難以預測和捉摸的模糊地帶。例如對方的態度和表情不同以往，當中可能存在著各種理由，但在對方開口解釋之前，我們根本無從得知真正的原因。如果對不確定性的忍耐力不足，就很難撐過這種模糊的期間與狀態，於是會不斷探聽對方背後的想法、詢問周邊的友人，或是緊纏著對方不放，試圖找到真正的理由。如此一來，在人際關係上變得焦慮和不適應的可能性就會隨之增加。

這類型的人，有時還會把不確定性和對方或自己的能力混為一談。假如對方強調「我沒想到會這樣」，他們就很容易指責對方「所以你應該好好了解啊」、「應該確實做好準備」，並且也用相同的標準自我評價，以致於經常擔心或準備過度。

不確定性忍受程度量表

敘述	完全不同意	不太同意	大致同意	非常同意
不管什麼事，我都一定要在事前擬訂計畫。	1	2	3	4
如果不想驚慌失措，就必須事先模擬各種情況。	1	2	3	4
只要感到一絲懷疑，行動就無法持續下去。	1	2	3	4
難以忍受手忙腳亂的情況。	1	2	3	4
如果發生預料之外的事，就會感到非常慌張。	1	2	3	4
想知道未來會遭遇什麼樣的事。	1	2	3	4
就算制定好完美的計畫，某件無法預測的小事仍可能破壞一切。	1	2	3	4
難以忍受不確定的未來。	1	2	3	4
若不能掌握所有必要資訊，就會感到相當挫折。	1	2	3	4

敘述	完全 不同意	不太 同意	大致 同意	非常 同意
我想避開所有模糊地帶。	1	2	3	4
不確定性高的話，就代表那個人缺乏章法。	1	2	3	4
不確定性高的話，意味著我不是優秀的人才。	1	2	3	4
如果處於模糊地帶，事情就無法進行下去。	1	2	3	4
假如不確定性高，就難以過上充實的人生。	1	2	3	4
狀況混沌不明的話，就無法把事情做好。	1	2	3	4
不確定性讓生活變得難以忍受。	1	2	3	4
不確定性高的話，代表我的自信感不足。	1	2	3	4
不確定性會讓我感到懦弱和不幸，甚至陷入悲傷。	1	2	3	4
我認為他人對未來充滿信心一點都不合理。	1	2	3	4

敘述	完全不同意	不太同意	大致同意	非常同意
他人好像和我不一樣，總是知道自己的人生正往哪一個方向發展。	1	2	3	4
生活中沒有任何保障，這點完全不合理。	1	2	3	4
充滿變數的生活對我形成了壓力。	1	2	3	4
如果不曉得明天會發生什麼，內心就感到不自在。	1	2	3	4
不確定性讓我感到不舒服、焦慮和有壓力。	1	2	3	4
倘若有不確定的事，夜晚就難以成眠。	1	2	3	4
在應該採取行動時，如果認為有哪個地方不明確，我就什麼也做不了。	1	2	3	4
如果情況模稜兩可，就不可能有明確的見解。	1	2	3	4

雖然根據年齡層、性別或當下情況等，多少會有些差異，但如果整體超過八十五分，就屬於難以忍受不確定性的類型。不過，比起確認分數，更重要的是仔細查看敘述內容，確認自身的特質。

此外，「他人好像和我不一樣，總是知道自己的人生正往哪一個方向發展」、「如果不曉得明天會發生什麼，內心就感到不自在」、「倘若有不確定的事，夜晚就難以成眠」，這幾項特徵也存在著共同的心理——世界上有黑白分明的事物，或者某些事必須清楚地確定下來。然而，**生活中的變數往往比定數來得多，不是嗎？無法接受現實與真理，一味追求自己描繪的理想藍圖，不就更加難以忍受不確定性了嗎？**

人生一帆風順的可能性肯定是零

人類在曖昧不明的情況下會感到不安和恐懼，可能是從原始時代起就具備的本能。在自然環境裡，人類的存在既渺小又脆弱。手裡只有一根棍子、一塊石頭，一想到隨時隨地都可能有猛獸襲來，這種不確定性讓人害怕且難以忍受。此外，能獲得的食物也相當有限，雖然今天幸運地找到食糧，但明天或後天依然沒有保障。更別提不知何時可能降臨的自然災害了，生存在這種環境裡的人類，腦海中可能一開始就刻著對不確定性的恐懼與擔憂。

人類的控制欲望，也是無法忍受不確定性的原因之一。所謂的控制欲望，是想要獲得或維持對外部環境、他人和自身的控制，也是人類自然而然會有的欲望。以這種需求做為原動力，讓我們可以對情況進行準備與應對。不過，假如這種欲望超過正常程度，就會令人嘗到失敗的滋味，因為這個世界上幾乎沒有能被完美、明確控制的事物。結果，過度的控制欲望，會從「想控制一切」變成「必須控制一切，才能確保安全無虞」的不合理信念，最終導致自己對不確定性的忍受力降低。

人類難以忍受不確定性的另一個原因，在於面對失敗、事故或疾病等狀況時，隨之而來的負面情緒會讓人感到不適和痛苦。針對足以激發正向情緒的事件，就算當中帶有不確定性，我們通常也不會因此而陷入擔憂或焦慮。例如懷著不知道會不會中獎的心情買了樂透，更準確地說，應該是明知道不可能中獎，卻期待幸運之神偶然降臨，或是對比被雷劈到更低的中獎機率心存希望，其中的不確定性可謂到達了極致。不過，在購買彩券時，我們不會擔心「中獎時該怎麼辦」，更不會為此感到焦慮。

追根究柢，討厭不確定性，或許是因為害怕之後可能面臨的負面情緒。然而，世界又怎麼可能只對我友善呢？**唯有在心中徹底接納「好壞必然共存」的事實，才能忍受生活中的種種不確定性。**

生活中的變數往往比定數來得多，若無法接受現實與真理，一味追求自己描繪的理想藍圖，不就更加難以忍受不確定性了嗎？

懂了以後更輕鬆的心理學

不順心的人生，也是種意外的享受

西藏有句諺語道：「能解決的事，不必去擔心；不能解決的事，擔心也沒用。」仔細吟味當中的含意，會讓人不自覺地莞爾一笑，實際上確實如此。這句諺語的意思，指的是「擔心其實就等於浪費精力」。如果擔憂可以解決問題該有多好，但問題是，大部分的擔心都沒有實質上的助益，只會對生活造成損耗而已。

雖然無法從日常中掃除擔憂，但我們都希望可以減少不必要的憂慮，保持輕鬆的心態度日。在這個充滿變數與未知的世界裡，該怎麼做才能擺脫焦慮、愉快地生活呢？

人生不如意是件很棒的事

①接受不確定性

首先，我們要理解、接納每個人其實都會排斥不確定性，雖然有程度上的差異，但人類本來就會因不確定性而感到驚慌，下意識地想迴避。遺憾的是，我們無法將生活裡的不確定性盡數排除。世間萬事的本質原來就存有變數，我們必須面對並接受這樣的事實，如果總是想違抗，只會讓自己更加焦慮。**人生中沒有什麼是不會改變的——這或許就是唯一不變的真理吧！**假如可以時刻想起這個道理，忍耐和接受不確定性就會變得稍微容易一些。

此外，察覺在曖昧不明的情況下感受到的不自在，並如實看待和接納事物的本質，這樣的過程也有助於減少擔憂與不安，不妨試試以冥想做為輔助。

②嘗試列舉不確定性的優點

我們很容易用消極的觀點看待變數，特別是對不確定性忍受度低的人，經常將其視為一種負面威脅。

但是，不確定性有時也會讓人感到激動、幸福或愉悅。我們為什麼喜歡旅遊呢？因為可以暫時從反覆的日常中出走，到全新且陌生的地方遊歷。就算是經常過度憂慮的人，不也會為了體驗這種新鮮感而出發旅行嗎？讓我們看看動畫片《清秀佳人》（赤毛のアン，又譯：小安妮）裡的一段台詞吧！

「伊麗莎說世界不是想像中的那樣，但不如意真的很棒呢，會發生許多意想不到的事！」

不確定性的另一個優點在於變數多，至今還有許多未知的領域，因此能發現更多的機會。英國心理學家李察・韋斯曼（Richard Wiseman）研究了幸運之人的共同點，並寫成《幸運人生的四大心理學法則》（*The Luck Factor*）一書。據研究結果指出，運氣不佳的人傾向於只尋找確切的事物，並試圖迴避各種模糊地帶；相反的，幸運兒則經常參與和享受帶有不確定性的事物，結果反而從中發現更多新的可能。

有人會甘願承擔變數嗎？如果能忍受不確定性並樂在其中，說不定就會爆發好運呢！此外，「不確定」也意味著擁有豐富的可塑性，能藉由努力獲得成就與發展。假如我們已提前知道比賽結果或考試成績，還會再繼續付出心力嗎？反之，在不曉得結果的前提下，我們就有可能努力超越自身的極限。

③培養承受不確定性的能力——消極的耐力

在苦惱該如何提升不確定性的忍受程度時，筆者碰巧看到了帚木蓬生的著作《忍受未知的能力》（ネガティブ・ケイパビリティ 答えの出ない事態に耐える力，暫譯），書中作者用「消極的耐力」（negative capability）介紹不確定性的耐受度。

「消極的耐力」，指的是不急於尋找各種事實或理由，得以承受變數、驚訝或懷疑等狀態的能力。據作者所述，人類的大腦會試圖認知、理解各項事物，並為之賦予意義。如果狀況混沌不明，心中就會感到不自在，所以人們總是極力想擺脫這種狀態，這也是為什麼指南、祕訣或金律等會大受歡迎的原因。

與「消極的耐力」相對的是「積極的承受力」（positive capability），也就是想盡快找出原因和方法的態度。但問題在於，過程中只要稍有不慎，很容易就會只掌握到表面知識，錯失了隱藏在背後的本質。當然，「積極的承受力」也相當重要，不過前提是必須與「消極的耐力」互相平衡。

具有消極耐力的人，在面對壓力時不會急於找到解答、脫離現狀，因此做出偏頗決定的機率相對較低。即使處於不確定或可疑的情境中，他們也不會貿然採取行動，展現出談判專家的優秀特質。此外，在人際關係中，消極的耐力亦不可或缺，因為一段關係仰賴多方的互動，必然有許多模糊和不確定的地方，而消極的耐力，就帶來了足以忍受與等待的從容。

其實，如果仔細分析「消極的耐力」，就會發現這是「不確定性忍受度」的另一種說法。之所以特別介紹這個概念，是因為「消極的耐力」一詞傳達出了某些訊息——**應對變數的方法，不是積極地突破或急於求解。在難以忍受不確定性、擔憂之情瞬間來襲時，只要試著回想這個詞的涵義，心情就能逐漸恢復平靜。**

眼下盡己所能就好，船到橋頭自然直

人生中最明確的事，就是總有一天會面臨死亡。不過，這個問題也最讓人惶恐，因為沒有人知道自己何時會離開。應對這種不確定性的最好方式，就是充實、愉快地度過每一天。讓我們試著捫心自問，是否曾因那些不曉得會不會發生的事而戰戰兢兢，以至於錯過了當下應該享受的事？當然，人生並非朝生暮死，也必須對未來有所準備。不過，光是整天在腦海裡窮擔心，並不能對往後的日子產生任何幫助。

人生經常被比喻為一場旅行，試著想像一下旅程中的情形吧！在壯麗風景和美味料理面前，如果心裡只擔憂下一個行程，又怎能真正欣賞到在眼前展開的絕景，以及在舌尖上舞動的滋味呢？同理可證，**在人生的旅途上，如果因為擔心而浪費時間和精力，以致於錯過許多美好的瞬間，那該多麼令人惋惜啊！**

愈是感到不安和焦慮，就愈要把注意力放在「當下」，因為心中擔憂的對象難以掌控，但此時此刻的經歷完全在自己的控制範圍。如果可以反覆練習這個過程，就會在不知不覺間把重心拉回眼前，進一步放下那些無謂的擔憂。

在經濟學領域裡，也針對不確定性進行了各種研究，我們可以從中找到一些應對的訣竅。

芝加哥大學經濟學系的法蘭克・奈特（Frank Knight）教授，將不確定性分為可預測（measurable uncertainty）與不可預測（unmeasurable uncertainty）兩種。前者可以用豐富的知識與情報做為推測的基礎，而後者則是不管擁有多少知識與資訊，都難以進行想像或推論。這種說法，是不是和生活裡的不確定性十分相似呢？雖然有些變數可以事先預測並加以控制，但有些變數即使耗盡心力也不可能全盤掌握。面對可控的事物，我們應該積極地加以解決，但若根本不在自己的控制範圍內，順其自然才是明智之舉。

投資也是充滿不確定性的領域。近年股市投資蔚為風潮，如果想順利進場，學習承擔當中的不確定性就非常重要。即使已大致認識且理解投資的風險，還是得努力降低其中的變數，而深入剖析投資對象就是很好的方法。例如這間公司正在從事何種事業、目前的營業額與利潤大約多少、競爭力在哪裡，以及企業的未來展望等，查找實用的資訊進行分析，就能進一步降低可預測的變數。不過，我們誰也不知道未來的世界將變成什麼模樣，或者該企業日後會遭遇何種風波，類似的變數都不屬於可控的範圍。因此，我們必須甘願承擔這種「附加手續費」，如此一來，才能順利且安心地踏進投資市場。

人際關係也是同樣的道理。為了和某人建立深厚、穩定的交情，我們會努力了解對方，像是他喜歡什麼、在哪些情境中會有什麼反應等。類似的嘗試和努力，都是希望在可預見的脈絡中，與對方形成良好的互動。不過，無論再怎麼用心，對方還是可能出現意想不到的反應，或是露出與平時不同的面貌。在人際關係上的努力是我們可以控制的領域，但同時也要意識到，對方的反應或心情，原本就不在我們可以掌控的範圍內。

在面對可預測的問題或困境時，如果缺乏足以應對的自信，心中的擔憂就會與日俱增。因此，相信自己有能力解決問題，亦是降低焦慮感的方法之一。不過，這種自信感不會平白無故地產生，若想培養應對能力，就必須透過實際行動累積經驗。

很多人會陷入「杞人憂天」的狀態，也就是剛減少一個煩惱，又立刻去找下一個擔心的對象。這類型的人，通常認為自己沒有能力解決或處理問題，因為自信感不足，所以產生了用擔心加以迴避的惡性循環。假如想切斷這種無限迴圈，就必須親自面對那些讓人感到不安的情況。只要願意勇敢地走出去、試著做些什麼，定會發現之前擔心的事一項也沒有發生，或即使發生了，實際上也沒什麼好大驚小怪的。

漫心想起小時候和媽媽一起剝大蒜時，總是會看著滿坑滿谷的大蒜抱怨道：「這麼多要剝到何年何月？」而媽媽則如此回應：**「眼睛很懶，但手很勤快。」**意思是眼睛只會窮擔心，但雙手會透過行動解決問題。大量的蒜頭乍看之下讓人感到負擔，但只要暫時清空思緒，一個一個慢慢剝的話，不知不覺，剝好的大蒜就疊成一座小山了。

一味擔心並不能產生實質幫助，唯有行動和實踐，才能拯救我們免於憂慮。

實踐看看吧

擺脫擔憂，以平常心行動的方法

1 仔細想想，是不是真的有擔心的必要？

每當陷入焦慮時，就把自己擔心的事物寫下來，觀察並記錄具體的時間、內容、持續了多久等。接著，再仔細評估看看這種擔憂實際發生的可能性，以及是否屬於自己可控的範圍。

2 假如無法控制，就順其自然吧！

假如發生的可能性微乎其微，或者根本不在自己的控制範圍內，不妨就讓它順其自然地過去。另外，還推薦製作「憂慮儲藏箱」等道具（即使是假想的也可以），然後進行把煩惱丟進箱子裡的儀式。

3 如果屬於可控範圍，就嘗試採取行動

擔憂的事物如果在自己的控制範圍內，就思考一下具體的應對方法，然後付諸行動吧！倘若很難立即實踐，就進一步分析看看其中的原因。此外，過程中如果產生了負面的情緒或想法，不要試圖予以迴避，而是要勇於面對和接受。尤其情感無所謂對錯，只要如實地承認即可（例如：理智上雖然知道該怎麼做，卻沒有執行的勇氣；原來，是因為我害怕失敗）。

4 承認這個世界充滿變數與模糊地帶

世上原本就不是每件事都有明確的答案，而且還充滿許多變數與灰色地帶。對未知感到恐懼和不自在是人類的本能，不必為此陷入自責，因為沒有人能真正掌握萬事——不過，懂得讓自己踏出去嘗試，這點依然非常重要。

15 需要安慰的時刻卻太過孤獨

這一天過得特別漫長，疲憊的身體咚一聲倒在了床上。平時慧仁擔心會把孩子吵醒，所以總是小心翼翼不敢發出聲響，但今天她連躡手躡腳的力氣都沒有。聽到動靜後醒來的孩子，張開小小的手臂緊抱住慧仁：「媽媽，我最喜歡媽媽了。」沒想到孩子小小的擁抱能帶來如此大的安慰，聽著懷中的呼吸聲，整日的疲憊似乎瞬間消融殆盡。

接著，慧仁突然把視線轉移到丈夫身上，想必他也和自己一樣度過了漫長的一天吧？只留下一通「我有急事」的電話後，慧仁就全心全意地投入在工作上，而這段時間，丈夫獨自準備晚餐、餵孩子吃飯、幫忙洗澡，最後再把哭著找媽媽的孩子哄睡。明知道丈夫也忙得不可開交，但在收到「工作大概幾點結束」的簡訊後，慧仁還是僅冷冷地回了一句：「你們先睡吧。」連孩子都可以傳遞出的溫暖，為什麼自己卻做不到呢？

人生很多時候都需要安慰，但在接受或給予的過程中，卻總是讓人倍感困難。例如有心想表達安慰，可是總懷疑自己能否為對方帶來力量而猶豫不決，或猜測對方應該明白我的心意，所以就乾脆略過不談。相反的，有時開啟話題是因為想獲得慰藉，但對方一句「唉呀，你還是比我好，那種程度已經算幸福了，哪像我……」就反倒讓自己成為了「幸運兒」。

很多人都在思考應該如何正確地安慰他人和接受安慰，在製作Podcast的過程中，聽眾們經常會提出好奇的主題，有些留言我們一看到就覺得非納入不可：「希望能介紹一下安慰自己和他人的方法。老公常常說我不懂得安慰人，我不知道自己是不是真的像他說的那樣，想試著努力看看，卻總是不得其門而入。每次都會忍不住感到自責，現在已經覺得倦怠了，好想直接放棄這段關係。」

明明不是沒有心，卻總是錯過安慰他人的時機，這種情況讓人懊惱不已。無法傳遞出去的心意——這種鬱悶又有誰能安慰？最終只能一個人落得疲憊不堪。想把溫暖的安慰傳達給他人或自己，究竟應該怎麼做呢？

安慰的心意相通，但安慰的語言卻各不相同

安慰的意思是「用溫暖的話語或行動減輕痛苦或撫慰悲傷」。因為每個人感到痛苦和悲傷的理由各不相同，所以獲得安慰的時機也不一樣。在日常生活裡，有時我們不一定要提及痛苦或悲傷的經驗，只要感覺獲得了力量、心情變愉快，就會用「有被安慰到」或「被安慰了」這樣的語句表現。**在聽到「安慰」一詞時，有些人會苦惱「該如何才能給予他人安慰」，有些人則是會思考「我該從哪裡才能得到安慰」。即使出發點不同，但人生無疑就是人與人之間的互相撫慰。**

你在什麼時候會覺得被安慰到了呢？飲下一杯香濃的熱咖啡時、感受到涼爽的微風及和煦的陽光時，抑或是把疲倦的身體埋進軟綿綿的沙發裡時？那些光在腦海裡想像就能讓身心放鬆的畫面，就是自己獲得安慰的瞬間。當然，從他人身上得到的撫慰也影響甚鉅，例如當自己努力做的事獲得認可時、一句「最近很累吧？」，看穿那些自己沒有表達出來的感受時，或者靜靜地給予擁抱等。假如試著列舉自己獲得安慰的經驗，就會發現不僅時機相當多樣，方法也

十分多元。

安慰的首要祕訣，就是必須理解並察覺對每個人而言，安慰的時機與意義各不相同。**有些人聽到溫暖的話語會覺得受到撫慰，但有些人比起長篇大論，需要的只是一個真心的擁抱。此外，有些人渴求慰藉時，會用「請聽我說說話」來表達，有些人則會希望對方請自己吃頓飯**。對你而言，什麼才是安慰呢？

說到底，安慰就是一種愛的語言。在表達自己需要安慰時，其實是希望感受到自己的珍貴與被愛；想傳達安慰給他人時，出發點也是因為把對方放在心上，所以想成為一股溫暖的助力。如果想知道自己和他人需要什麼樣的安慰，不妨試著回想一下「愛的五種語言」吧！

世界級的諮商專家蓋瑞．巧門（Gary Chapman），提出了五種愛之語：肯定的言詞、精心的時刻、真心的禮物、服務的行動、身體的接觸。隨著個人出生和成長的地方不同，母語或語言相異之人的溝通會受到限制，同樣的，愛情也有所謂的「語言」，因此相愛之人有時也會難以互相理解。大部分人都希望用自己喜歡的語言去表達愛意，並且渴望以相同的方式受到關愛。「愛之語」不同，就像到語言不通的國家旅行一樣，不管怎麼表達都很難獲得自己想要的事物，也無法痛快地給予對方回應。

蓋瑞．巧門透過各種夫妻和家庭的諮商案例，發現只要了解對方使用的愛之語，就可以有效改善關係問題。很多時候，關係產生矛盾不是因為對彼此的愛不足，而是因為表現的方式不一樣。

在剖析夫妻內心的電視節目中，曾經出現過愛之語不同的一對夫婦。丈夫盡到了身為家長的責任，每天都盡自己最大的努力，用時間和奉獻表達對家人的關愛。然而，妻子卻對這樣的丈夫感到失望，因為只要有身體上的接觸，丈夫就會表現出倦怠或抗拒的模樣，讓她忍不住懷疑：「這種枯燥乏味的生活就是婚姻嗎？」甚至連孩子向爸爸索取擁抱，他也會露出一臉不自在，身體接觸真的有那麼困難嗎？後來妻子也漸漸放棄了。不過，丈夫其實不知道妻子內心的挫敗感，愛之語不同的兩人，比起努力理解雙方的語言，更希望對方以自己慣用的模式來溝通，所以最終才會變成兩條平行線。

安慰的原理也是一樣。人們習慣用自己熟悉或偏好的方式安慰他人，這就是為什麼明明已經採取了行動，但心意卻沒有傳達出去的原因。習慣透過對話獲得安慰之人，善於捕捉細微的表情變化，會在一問一答的陪伴中體驗到溫暖的撫慰。而這種類型的人，在想要安慰他人時，自然也會率先嘗試對話。對方究竟發生了什麼事、現在心情如何，他們會一項一項仔細地觀察。不過，對於想獨處或冷靜整理思緒的人而言，這些行為可能無法發揮安慰的作用。

不是用自己偏好的方法，而是要用對方渴望的模式接近，如此一來才能真正給予安慰。**如果想要傳遞出溫暖的慰藉，首先就要了解對方習慣的愛之語；**同樣的，在希望獲得撫慰時，也必須釐清對自己而言什麼才是安慰。換句話說，我們要懂得清楚分辨他人與自身的需求到底是什麼。

「我覺得非常倦怠，一句『加油』就有用嗎？」

有些行為會讓人誤以為是「安慰」，其中最具代表性的，就是提出建議或解決方案。

慧仁在不久之前，曾經和主管聊到兼顧工作和育兒非常困難。因為擔心聽起來像是在要求減少工作，所以一直以來都不曾提及，不過她覺得主管同樣身為職場媽媽，或許可以理解自己的感受，於是大膽地說出了心裡話。接著，主管就開始談起個人經驗：「我不是說過了嗎？不能像你現在這樣，把所有事情都攬在身上、獨自煩惱。那時候的我做了一個決定，就是要訂出優先順序，不然的話……」雖然知道主管是想要幫忙，但聽完後心裡仍然很不是滋味：「這個道理誰不懂？但就是做不到嘛！前輩真好，可以劃分優先順序再做決定。」她覺得聊完之後心情變得更差了，果然這種話題還是不要談比較好。

過度的共鳴也不等於安慰。在吐露疲憊的心境時，如果對方表現出過度的同情或共鳴，就會變成應該獲得安慰的人反過來在安撫對方。「啊，其實我沒有到那種程度啦……」因為急於解釋以讓對方安心，導致自己根本沒有心思接受安慰。

此外，類似「一切都會好起來的」這樣的話，也不會帶來多大的慰藉。「療癒的代名詞」朋秀（在EBS節目《Giant PengTV》中登場的企鵝角色）曾經說過：「我覺得非常倦怠，一句『加油』就有用嗎？不是的，對吧？所以與其讓你『加油』，我更想說的是『我愛你』。」

最後，還有些人會假借安慰的名義，向對方打破砂鍋問到底，不斷揭露他人的傷疤。或許是認為了解情況才能給予真正的安慰，覺得提問理所當然，不過，很多時候這些人其實都只是為了滿足自己的好奇心。

這些看似安慰、實則不然的行為，都有一項共同點——比起真正了解對方的需求，更著重於消解自身的不適。對他人的痛苦充滿愧疚或責任感的人，會渴望立即解決眼前的情況；而重視自己的時間和欲望勝過體諒他人時，也會希望盡快擺脫當下的處境。因此，與其靜靜陪伴對方，他們會優先提出建議和解決方案，或是表現出過度的共鳴與提問，以及流於形式化的支持等。假如一直以來都覺得「安慰」很難，那麼不妨仔細觀察一下自己在破壞氛圍時，內心究竟存有什麼樣的欲望。

懂了以後更輕鬆的心理學

擺脫「一定要獲得安慰才是安慰」的錯覺

每個人的「安慰之語」都不一樣，因此必須以適合各自的方法尋求或給予安慰。當然，說起來很容易，但要如何找出「安慰之語」，知道後又要如何實踐，這些全都令人感到茫然。怎麼做才能真心給予彼此安慰呢？

用學習外語的心態練習「安慰之語」

安慰始於承認彼此的不同。以夫妻諮商聞名的凱文・李曼（Kevin Leman）博士，在《夫妻，向心理學問路》（*Have a new husband by Friday*，暫譯）一書中，就提到了丈夫和妻子渴求的事物有多不一樣。

當詢問丈夫最想從妻子身上獲得什麼時，男性選出的第一名是「妻子的尊重」，接下來則是「認為丈夫是必要的存在」以及「性方面的滿足」。反之，妻子最想從丈夫身上獲得的則是「愛情」，緊接著是「坦率的對話」與「為家庭奉獻」。就李曼博士的觀點來看，對丈夫而言最大的安慰，就是：「因為你，我們一家人都過得很幸福，謝謝！」對妻子而言，最渴望聽到的表現則是：「親愛的，我愛你！你今天也好美。」如果能承認彼此想要的東西不同，努力覺察其中的差異，獲得療癒的次數就會日益增加。

在試圖找到對方的需求時，「安慰」就已經開始了。尋找「安慰之語」的方法其實很簡單——**發自真心的體貼與觀察**。對方喜歡什麼、在哪些時候表情看起來輕鬆愉快，以及在哪些情境下會積極地談論自己等，把觀察到的內容記錄下來，也是一個很好的方法。假如知道對方偏好哪種形式的安慰，就用類似的模式加以表現，接著再反覆進行觀察與嘗試，過程中雙方的溝通不可或缺。

就像外語一樣，「安慰之語」也需要學習。沒有人一開始就可以流暢地驅使外語，當然，「安慰之語」也需要練習的過程。

散發著穩重魅力的尚根，希望自己能善於安慰他人。不過，用言語表達的慰藉總是讓他覺得相當尷尬，成為了心中跨不過去的檻。或許是因為不熟悉，原本在心中擬好的溫柔話語，說出口之後都變得僵硬冷淡。原本以為就算不需要言語，妻子也可以明白自己的心意，但最終對方也失望地表示：「說一句貼心的話有那麼難嗎？」於是，就像學習發音和語調都有些彆扭的外語一樣，尚根小心翼翼地踏出了第一步。剛開始雖然有些難為情，但妻子嘴角上揚的臉龐，以及叫嚷著「爸爸變得很肉麻」的女兒，她們的表情比任何時候都要更明朗。

類似的練習也適用於自己，如同仔細觀察自己的說話方式，就會發現「原來我有這種說話習慣」一樣，**應該試著察覺自己需要的安慰是什麼，然後表達出來讓對方知曉。**「給我一個擁抱」、「你能聽我說話嗎」，像這樣提出具體的請求，對方就可以更快、更準確地習得「我的安慰之語」。

輕輕地拍打或撫摸，用肢體傳達出安慰的力量

表達慰問時，效果最明顯的方法就是接觸，例如安靜地撫摸對方的頭、給予

溫暖的擁抱，或是輕輕拍打對方的背，這些都能讓人感受到莫大的安慰。

美國的心理學家哈里．哈洛（Harry Harlow），首次提出接觸在安慰方面的重要性。在實驗中，研究人員分別給小猴子們一個用鐵絲製成的媽媽，以及一個用布條包裹而成的媽媽。這個實驗原本是為了解釋「孩子為什麼喜歡媽媽」，當時人們相信因為哺育的關係，所以孩子才會對媽媽表現出強烈的依戀。不過，研究結果發現，小猴子會花更多時間黏在觸感柔軟的布媽媽身上，甚至在喝鐵絲媽媽身上的奶水時，也依然靠在布媽媽那邊，只把頭伸了出去。此外，如果聽到奇怪聲響或看到陌生物體，小猴子就會抱在布媽媽身上，直到恐懼感消失為止。換句話說，安慰的來源不是飲食，而是接觸。

在腦科學領域裡，也可以找到接觸之所以能帶來安慰的理由。研究大腦的心理學家們將皮膚稱為「體外的大腦」，當受到輕輕的拍打或撫摸時，皮膚感受到的觸感會傳遞至大腦，刺激腦內啡和催產素的分泌。而這兩種物質，都是能使人感到幸福與安定的元素。

僅憑接觸就可以感受到幸福和慰藉，因此被稱為「接觸安慰」。回想一下媽媽為了安撫哭泣的孩子，溫柔地拍打他們的背，以及在哄孩子入睡時，輕輕撫摸孩子的模樣，就能大概推測出「接觸安慰」是什麼樣的感覺。年幼的孩子們喜歡柔軟的毛毯或玩偶，其實也是基於同樣的道理。尤其在感到不安或害怕時，他們會對毛毯或玩偶表現出強烈的執著，這就是一種透過接觸來取得安慰的行為。

此外，所謂的「安慰」不僅僅是安心而已，還有其他更多的力量。例如與布媽媽在一起時，小猴子會更積極地接近有趣的事物，展現旺盛的好奇心。同樣的，孩子在經歷充分的接觸時，也會咿咿呀呀地學語，表現出強烈的好奇心。

光是輕拍肩膀就能充分傳達出安慰，而且還能讓對方產生繼續探險的動力。那麼，有時不要只靠語言，試著用「接觸」給予安慰如何？

能安慰自己的人只有我

我們不能總是企求從他人身上獲得慰藉，假如有人能徹底理解我的安慰之語，固然是件值得感恩的事，但即便如此，人也不可能永遠都膩在一起。只要想到沒有人能給予安慰，心裡就會覺得加倍孤獨嗎？這就是為什麼我們必須具備自我安慰的力量。

心理學家克莉絲汀·聶夫（Kristin Neff, Ph.D.）以各種研究為基礎，指出在陷入痛苦時，重要的是對自身的寬容與理解，而非過度地自我批評。此外，她也強調在人生這趟旅程裡，為了活下去每個人都很辛苦，不論是誰都有可能跌倒或失誤，而懂得鼓勵自己「沒關係、不要緊」，才是所謂健康的生活態度。

人們通常會為了取得更高的成就而自我指責，或者執著於表現出積極正向的一面，但這種態度，反而容易在面臨失敗時崩潰或者怨天尤人。**在痛苦和悲傷的時刻，我們需要的不是嚴厲的指責或缺乏現實性的樂觀，而是一顆寬容與慈愛的心。**就像安慰某個失意潦倒的朋友一樣，對自己的生活和面貌保有慈愛的態度，就是「自我慈悲」。

擁有自我慈悲的人，會淡然接受自己的挫敗和失誤。對每個人來說，「人生」都是第一次，遭遇困境是理所當然的，因此，他們接受自己有時可能會跌倒，而且認為就算摔了一跤也無所謂。犯錯或失敗時怎麼可能不痛不癢呢？但是，他們不會沉迷於這種情感。換句話說，他們認可自身的付出，懂得安慰自己「已經做得很好了」。所謂的「自我慈悲」，就是能寬容地善待自己。

為了證明自我慈悲的力量，朱莉安娜．布雷內斯（Juliana G. Breines）和塞麗娜．陳（Serena Chen）教授進行過一項有趣的實驗。她們讓參與研究的學生回想一下最近做錯的事，或者感到內疚、後悔及羞恥的事件，接著請他們撰寫一篇短文。第一組以自我慈悲做為寫作條件，教授們給予學生提示：「對於自己腦海中浮現的場景，寫文章時請以寬厚和慈愛的心情看待，並想想你可以對自己說些什麼。」第二組的寫作條件是自尊感，「請寫出自己積極正向的一面，像是感到驕傲、自豪的特徵或成就等」；最後一組，則被告知要寫出個人的興趣與愛好。寫作時間結束後，受試者們接受了問卷調查，內容是關於自己有多想修正錯誤，以及未來不再重蹈覆轍的意志有多強等。

人們通常相信愈是積極地看待自我，擁有的力量就會愈強，然而，實驗結果卻令人倍感意外。「在那種情況下別無選擇吧」、「當下的處境也對我的行為造成了影響」，懂得以類似的慈悲觀點看待自我的人，想要修正錯誤、不再重蹈覆轍的動機反而相對較強。

朱莉安娜．布雷內斯和塞麗娜．陳教授接連進行了多項研究，證明具有自我慈悲的人，相信自己有能力克服弱點，而且在失敗之後，會為了取得更好的結果投入加倍的時間與努力，更不會停止從他人身上學習或借鏡。換句話說，**擁抱自我的溫暖慰藉，帶來了重新出發的能量**。很多人會害怕自我原諒，擔心就此崩潰或變得怠惰，但實驗結果告訴我們，「自我慈悲」反而增進了成長的動力。這與度過疲憊的一天後，如果好好休息，第二天就能恢復活力是同樣的道理。而陷入積極的自我幻想，表現出倦怠態度的人，大多是以自尊感為寫作條件的第二組。他們雖然暫時從自我炫耀的狀態中獲得了好心情，但並未表現出反省或追求進步的姿態。

此外，自我慈悲會在事與願違或人生的轉捩點時，發揮其真正的價值。克萊爾．亞當斯（Claire E. Adams）和馬克．利里（Mark R. Leary）告訴參與實驗的女學生們，這項研究的目的在於觀察「看電視時對飲食行為的反應」。不過，這樣的附帶說明，其實只是為了不讓受試者發現自己的飲食行為正受到監視，研究的真正目的，是要觀察吃下垃圾食物之後，自我慈悲會對個人行為產生何種影響。受試者們一進入擺有電視的房間，就被要求喝完一杯白開水，名義上是要清空味覺，但實際上是為了讓她們產生飽足感。接著，受試者一邊看影片，一邊把手上的甜甜圈吃完。

而真正的實驗現在才開始。研究人員只對其中一組受試者解釋：「人們在看電視時，經常會吃很多不健康的甜食。為了反映出現實情況，我們挑選了屬於垃圾食物之一的甜甜圈，所以希望大家在吃完後不要覺得有罪惡感。每個人或多或少都會接觸到垃圾食物，在場參與實驗的學生和工作人員也是如此，所以各位不必過於擔心，這種程度的垃圾食物不會有什麼影響。等等會實施一份問卷調查，請大家稍待片刻。」以上是設定好自我慈悲的情境。接著，研究人員沒有對另一組做出相同的說明，只是請她們等待填寫問卷。

研究人員回來後，手裡除了問卷表單，還有一個裝滿糖果的碗，他邀請受試者們參與味覺測試，必須在吃完糖果後進行評價。為了正確給出分數，每個人至少要吃一顆，但如果願意的話，想多吃幾顆也沒問題。受試者在房裡用五分鐘的時間獨自評價糖果的味道，接著再回答問卷上的問題，像是參與實驗這段期間，吃東西時有什麼樣的感受，以及對自己產生何種看法等等。

其實，研究者最關心的部分，是受試者最後吃了多少糖果，因為攝取的糖果量會根據自我慈悲的有無而出現差異。先前聽過研究者的解釋，罪惡感相對較低的人，平均吃了三十克左右的糖果；而沒有特別聽到解釋的另一組，平均吃了近七十克，等於是前一組的兩倍。

更有趣的是，實驗的受試對象，平時對飲食管理都相當講究。深信必須吃得健康、好好管理體態的她們，在已經吃了甜甜圈的狀態下，看似應該把攝取的糖果量壓到最低。但是，缺乏自我慈悲者，會覺得既然一開始就搞砸了，不如就算了吧；反之，懂得自我寬容的人，在吃完甜甜圈之後，仍然可以發揮自我節制的能力。

在出現失誤或是把事情搞砸時，如果擁有自我慈悲，就能領悟「人都會犯錯」，且一次失敗不代表永遠的失敗，只要從此刻起，重新把腳步站穩即可。

如果好奇個人的自我關懷程度，不妨參考下一頁的表格，當中擷取了韓國版自我慈悲量表的部分內容。該量表檢測的是善待自我、自我判斷、普遍的人性、孤立感、心靈關懷、過度認同等層面，共由二十六道問題組成，此處摘錄有助於理解自我慈悲的六項問題。

自我慈悲量表

□在情緒上感到痛苦時（傷心或難過時），我會試著關愛自己。
□在經歷苦難時，我會善待自己。
□面對失敗時，我會努力提醒自己這是每個人都有可能經歷的過程。
□當事情不順遂時，我會把困難視為生活的一部分，每個人都可能會遇到。
□當發生令人難過的事情時，會努力以平常心面對。
□心情低落時，我會試著以好奇與開放的心態處理情緒。

生硬笨拙的安慰，其實也藏有對方的真心

人生有很多時候都需要安慰，能以個人偏好的方法獲得慰藉當然很理想，但人們要完全理解他人的安慰之語其實非常困難，而且大多數人也都不甚熟練。在日常生活裡，比起適當且完美的安慰，我們更常碰到生硬又笨拙的慰勞。因

此，**就算不是自己習慣的方式，我們也要懂得理解對方想傳達出的心意。**

四歲的老么看到母親疲憊不堪的模樣，會把自己珍惜的小熊軟糖分給媽媽；而八歲的老大會把沒看過的書拿出來讀，接著去打掃房間。至於年過四十的老公，則會突然開始幫忙看管孩子，然後東扯西扯地提議：「要不要去買個包包？最近好像沒買什麼，去逛個街吧！」每個人都用自己的方式在安慰媽媽，雖然不一定是當事人期待的方法，但裡頭承載的真心，足以讓對方獲得慰藉。

假如還是希望以自己習慣的方式獲得安慰呢？那麼，就先試著理解對方的真心與努力，然後再稍微提出自己的請求。例如「你送我禮物是希望我打起精神對吧？謝謝你為我著想，託你的福我已經好多了。不過，其實沒有禮物也無妨，只要坐下來一起聊聊天，我就能重新找回動力。像是問問我『發生了什麼事』、『不管有什麼都可以說出來』，光是這樣就已經足夠了」。

有時可能會覺得自己安慰他人的方法過於生澀，雖然很想表達心意，但總是不得其門而入。這時，不妨一邊說出自己的心裡話，一邊詢問對方：「我想成為你的助力，可是找不到方法，該怎麼做才能對你有些幫助呢？」

偶爾會碰到有些人問：到底什麼時候、從誰身上才能獲得安慰？對於因人際關係而感到疲憊不堪的人，有一項研究我想特別介紹給他們。根據研究內容顯示，**人們不是只有在獲得安慰時才會產生力量，在安慰他人時也能得到能量。**

研究者以人們寫的日記內容為基礎，透過當中的情感表現，觀察他們對親近之人的理解和共鳴程度有多少，並測定出撰寫者的孤獨、壓力與不安指數。研究結果指出，**愈是能在情緒上安慰他人者，感受到的孤獨、壓力與不安就愈低。**換句話說，給予他人安慰的同時，自己的心靈也會變得更健康，是一件坐而言不如起而行的事。

與其茫然地等待安慰，不如先向他人傳達出理解與共鳴，如此一來，同樣的心意也會再次回到自己身上。就算沒有獲得回報，也能讓自己的心靈變得更健康，不是嗎？

實踐看看吧

互相給予真正慰勞的方法

1 尋找自己慣用的安慰之語

可以活用P.333提到的五種「愛之語」，而更簡單的，就是回想自己獲得安慰的經驗，或是問問他人在哪些時候得到了慰藉。

2 培養自我慈悲的心態

嘗試問自己以下這三個問題，這麼做將更懂得自我關懷。

①我是否能理解並善待自己？
②我是否知道其實每個人都有可能犯錯或失敗？
③我是否能用平常心處理負面情緒？

3 事先準備好安慰的話語和行為

為了在自己或他人需要安慰的時刻給予回應，不妨事先想好可以派上用場的話語或行動。安慰是一門講求練習的技術，很難一下子就運用自如。

「這種程度已經很不錯了，今天也已經很努力了呀！」

「這不是你的錯，該來的事情總會來的。」

如果有哪些話讓你獲得了安慰，可以特別把它記錄下來。當然，如果還記得前文提到的「接觸」，就知道安慰也不一定要用言語表達。

人們通常會為了取得更高的成就而自我指責，或者執著於表現出積極正向的一面，但這種態度，反而容易在面臨失敗時崩潰或者怨天尤人。在痛苦和悲傷的時刻，我們需要的不是嚴厲的指責或缺乏現實性的樂觀，而是一顆寬容與慈愛的心。

後記

你的心境，完全值得被理解

有些讀者可能做過各種嘗試，心情卻還是無法變得輕鬆，每天都過得相當辛苦，而有些人則是會想更深入地理解自我。假如屬於上述兩種情況，建議前往接受心理諮商。

雖然和以前比起來，心理諮商的相關情報大幅增加，但仍然有一些資訊不夠透明。像是在什麼狀態應該接受諮商、如何進行、要在哪裡向誰尋求幫助、費用多少等等，很多問題都不知如何找到答案。身為諮商心理師，我們希望這本書的讀者可以獲得安全、專業的協助，因此想介紹幾個有關心理諮商的知識。

心理諮商是解決心理困難或問題的過程，也是尋求自我理解、走向改變和成長的學習歷程。如果精神醫學科主要是以藥物治療，那麼心理諮商通常沒有藥物處方，而是以「對話」做為主軸，必要時用美術或音樂等多媒體進行輔助。

心理諮商就猶如整理衣櫃，應該丟棄的衣服、買完後忘記穿的衣服、打算拿去乾洗店的衣服等，如果這些衣物全都混在一起，衣櫃就無法順利發揮原本的作用。我們的心也是一樣，透過心理諮商，了解內心裡有什麼，該保留的就保留，該拋下的就拋下。如同衣櫃經過整理後會空出位置一樣，心理諮商也可以讓心靈啟動循環，提供發現全新自我的機會。

就算感受到心理諮商的必要性，也很難實際付諸行動，因為大部分的人都會猶豫，自己的狀態是不是真的需要接受諮商？會不會只是一點小事而已？不過，就像身體不適時，有些人會因為打噴嚏就去醫院看診，有些人痛到快暈過去也還是選擇去藥局買藥，心理諮商也是同樣的道理。實際上到諮商中心接受商談的人，有些是因為長期反覆、根深蒂固的問題而飽受痛苦，有些則是因為環境或情況的變化突然產生心理問題，也有些人是沒有特別的原因，只是想更加了解自我而已，每個人的症狀和程度各不相同。

就算踏進了諮商中心，許多人也還是會感到不自在。「接受心理諮商的話，會不會被視為奇怪或有問題的人？或是被看成無法自己解決問題的懦夫？」其實，願意接受心理諮商的來談者，比任何人都具有健康的生活意志，而且有勇氣面對自身的問題。假如產生了要不要接受心理諮商的念頭，可能就是需要專業協助的信號，希望你不要因為過度擔心而無視身體的警訊。有接受心理諮商的想法，意味著你已經做好了解決問題的準備，不妨鼓起勇氣嘗試吧！

心理諮商是一個小小的世界，諮商師和來談者只是見面進行對話，在過程裡，可能會反覆出現平時遇到的人際困境，也可能穿越時空見到幼年時的自己。有時會想起那些已經遺忘的記憶，有時也會覺察自己真正的渴望。在回顧、整頓心靈的過程，對自我的理解和世界的觀點會逐漸產生變化，然後得以發揮內在的力量，去解決那些讓自己感到困擾的問題。

當然，心理諮商無法解決所有的疑難雜症，就像因扁桃腺而受苦的孩子接受了手術，本以為可以不用再跑醫院，卻還是經常生病。不過，在手術之後，不會再像以前一樣長時間疼痛，從脖子開始蔓延到鼻子、耳朵的症狀也明顯減輕。心理諮商的效果亦然，或許無法因為諮商就整個人煥然一新，但往後遇到類似的困境，不僅恢復的速度會加快，心理上受到的打擊也將減少，日子能過得更為充實。

接受心理諮商時，最重要的是尋找具備專業性的諮商師。有時可能只要和熟識的朋友聊聊天，問題就能獲得緩解。不過，就像身體不舒服時，民間療法雖然可以減緩疼痛，卻無法對源頭進行治療一樣，用日常對話取代心理治療，仍然有其侷限性。心理諮商是以解決問題和治療為目標的專業對話，因此，確認諮商師是否有接受過公認的專業訓練非常重要，例如是否持有執照、有沒有相關的學經歷等，建議尋找具有公家機關認證資格的諮商師。

諮商費用也是一般人考量的重點，每次的諮商費用，會根據諮商師的經歷和專業程度而有所不同。但是，如果有收費過於高昂、誘導提前結清多次治療費用，或者必須無條件接受不必要的昂貴心理測驗時，建議盡量避免前往。此外，若過度強調快速治療、痊癒或諮商師的能力背景等，這種情況也要格外小心。接受過良好訓練的諮商師，會尊重來談者的權利、責任與自由意志，不提出過分要求，與來談者在平等的關係中進行商談。

自我沒有極限

漫心和萬能博士也不斷在試圖了解自己，希望能在日常中活出自我。在尋找答案的過程裡，有時會陷入極度的苦惱，有時也會感到自在且安心。身為心理學家及諮商師，我們除了自己的變化之外，也參與了其他人的改變與成長，從中明確認知到的一點，就是「自我沒有極限」。

曾經認為的「我」，可能隨著時間流逝而變得不像自己。一度迫切渴望的理想自我，也可能在不知不覺中變得不再重要。或許，真實且不變的自我，從一開始就不曾存在，我們不過是忠於當下的自己罷了。

希望讀完這本書的你，不要對自己有任何指責，或是否認現下的自我。完美主義者又如何？比他人焦慮又怎樣？各種情況本來就有可能發生。

我們沒有必要在所有方面都成為理想的模樣。假如有些很小的計畫一直擱在心底，或是有些新的挑戰讓人躍躍欲試，那麼不妨現在就跨出去吧！希望此時此刻的你，可以隨著自己的心意，徹底地享受自我！

參考文獻

Chapter 1

把「必須做到」替換成「這麼做也可以」、「能夠做得到」

01 今天就想立刻著手進行，卻總是拖拖拉拉

- Sirois, F. M., Yang, S, & Eerde, W. V. (2019). Development and validation of the General Procrastination Scale (GPS-9): A short and reliable measure of trait procrastination. *Personality & Individual Differences*. 146 , 26-33.
- Sheldon, K. M., & Elliot, A. J. (1999). Goal-striving, need satisfaction, and well-being: The self-concordance model. *Journal of Personality and Social Psychology*, 76(3). 482-497.
- Carels, R. A., Hlavka, R., Selensky, J., Solar, C., Rossi, J., & Miller, C. (2019). A Daily Diary Study of Internalized Weight Bias and its Psychological, Eating and Exercise Correlates. *Psychology and Health*, 34 , 306-320.
- 朴秀蓮（박수련）、吳世鎮（오세진）、李瑤行（이요행），2011，〈自我監測頻率差異對上班族正確坐姿的影響〉，韓國安全學會雜誌，26(6). 97-103.

- Urban, T. (2016). Inside the mind of a master procrastinator. Ted. https://www.ted.com/talks/tim_urban_inside_the_mind_of_a_master_procrastinator

02 因為害怕自己後悔，所以總是不敢下決定

- Iyengar, S. S., & Lepper, M. R. (2000). When choice is demotivating: Can one desire too much of a good Thing? *Journal of Personality and Social Psychology*, 29(6), 995-1006.
- Reutskaja, E., Lindner, A., Nagel, R., Andersen, R. A., & Camerer, C. F. (2018) Choice overload reduces neural signatures of choice set value in dorsal striatum and anterior cingulate cortex. *Nature Human Behaviour*, 2 (12), 925-935.
- Schwartz, B. (2004). The Paradox of Choice: Why More Is Less. Harper Perennial
- Kahneman, D., & Tversky, A. (1982). The Psychology of preferences. *Scientific American*, 246 , 160-173.

03 今天也在無意間發火了

- Mayer, J. D., Salovey, P., & Caruso, D. R. (2004). Emotional Intelligence: Theory, Findings, and Implications. *Psychological Inquiry*, 15(3), 197-215.

04 我不知道自己是誰，也不懂自己想要什麼

- Erikson, E. H. (1968). *Identity: Youth and Crisis* . New York, NY: Norton.

- Marcia, J. E. (1966). Development and validation of ego-identity status. *Journal of Personality and Social Psychology*, 3(5), 551–558.
- Vaillant, G. E. (1977). *Adaptation to Life* . Harvard University Press.
- Levinson, D. J., Darrow, C. N., & Klein, E. B. (1978). *The Seasons of a Man's Life* . Ballantine Books
- J ung, C. G. (1955). Modern man in search of a soul. Martino Fine Books

Chapter 2
充分了解真實的自我

05 我無法理解自己為何會這樣

- Meck, W. H. (2003). *Functional and Neural Mechanisms of Interval Timing* . Boca Raton, FL : CRC Press.
- Powers, K. E., Worsham, A. L., Freeman, J. B., Wheatley, T., & Heatherton, T. F. (2014). Social connection modulates perceptions of animacy. *Psychological Science*, 25(10), 1943–1948.

06 現在的我是最佳狀態嗎？日子就這樣過下去沒關係嗎？

- Burns, D. D. (1980). The perfectionist's script for self-defeat. *Psychology Today* , 34-51.
- Hewitt, P. L., & Flett, G. L. (1991). Perfectionism in the self and social contexts: Conceptualization, assessment, and association with psychopathology. *Journal of Personality and Social Psychology*, 60, 456-470.

07 看到比自己優秀的人，就總是變得畏縮怯懦

- 韓敏（한민）、徐信華（서신화）、李秀賢（이수현）、韓成烈（한성열），2012，〈韓國人的自尊心概念暨特性研究〉，韓國心理學會雜誌：文化及社會問題，19(2), 203-234.
- 納撒尼爾．布蘭登（Branden, N.），《自尊心：六項自尊基礎的實踐法》（孫允寬譯），遠流出版，1996（原作出版於1994年）
- 岸見一郎、古賀史健，《被討厭的勇氣：自我啟發之父「阿德勒」的教導》（葉小燕譯），究竟出版，2014（原作出版於2013年）

08 因為害怕失敗和落伍，所以不敢跨出挑戰

- Rogers, C. (1961). *On becoming a person: A therapist's view of psychotherapy*. London: Constable.

- Higgins, E. T. (1987). Self-discrepancy: A theory relating self and affect. *Psychological Review*, 94(3) , 319–340.
- 卡蘿．杜維克（Carol S. Dweck），《心態致勝：全新成功心理學》（李芳齡譯），天下文化，2019（原作出版於 2006年）

Chapter 3
學習正確表達欲望的方法

09 他人的視線總是讓我很介意

- Cooley, C. H. (1902). *Human nature and the social order* . New Brunswick.
- Gilovich, T., Medvec, V. H., & Savitsky, K. (2000). The spotlight effect in social judgment: An egocentric bias in estimates of salience of one's own actions and appearance. *Journal of Personality and Social Psychology*, 78 , 211-222.
- Savitsky, K., Epley, N., & Gilovich, T. (2001). Do others judge us harshly as we think? Overestimating the impact of our failures, shortcomings, and mishaps. *Journal of Personality and Social Psychology*, 81 , 44-56.
- Epley, N., Savitsky, K., & Gilovich, T. (2002). Empathy neglect: Reconciling the spotlight effect and the correspondence bias. *Journal of Personality and Social Psychology*, 83 , 300-311.

10 無法推辭的「好人情結」——拒絕他人真的好困難

- Bohns, V. K., Roghanizad, M., & Xu, A. Z. (2014). Underestimating our influence over others' unethical behavior and decisions. *Personality and Social Psychology Bulletin*, 40(3), 348-362.
- Patrick, V. M., & Hagtvedt, H. (2011). "I don't" versus "I can't": When empowered refusal motivates goal-directed behavior. *Journal of Consumer Research*, 39 , 371-381.

11 瞬間脫口而出的話，又再次造成傷害

- 馬歇爾．盧森堡（Rosenberg, M. B.），《非暴力溝通．愛的語言》（蕭寶森譯），光啟文化，2019（原作出版於2015年）
- Kawamichi, H., et al. (2015). Perceiving active listening activates the reward system and improves the impression of relevant experiences. Social Neuroscience, 10 , 16-26.

12 因為害怕心愛的人離開而變得執著

- Ainsworth, M. D. S., Blehar, M. C., Waters, E., & Hillsdale, S. W. (2015). Patterns of attachment: *A psychological study of the strange situation* . N. J., Erlbaum, 1978[distributor, Halsted(Wiley), New York]. xviii, 392.
- Bartholomew, K. & Horowitz, L. M. (1991). Attachment Styles Among Young Adults: A Test of a Four-Category Model. *Journal of Personality and Social Psychology*, 61, 226-244.

- Bowlby, J. (1988). A secure base: *Parent-child attachment and healthy human development* . New York: Basic Books.
- Lavigne, G. L. , Vallerand, R.J., & Crevier-Braud, L. (2011). The fundamental Need to Belong: On the distinction between growth and deficit-reduction orientations. *Personality and Social Psychology Bulletin*, 37, 1185-1201.
- 艾倫・狄波頓（Alain de Botton），《我談的那場戀愛》（林說俐譯），先覺出版，2001（原作出版於1993年）
- Downey, G. & Feldman, S. I. (1996). Implications of rejection sensitivity for intimate relationships. *Journal of Personality and Social Psychology*, 70, 1327-1343.

Chapter 4
用小小的行動，為自己找回今日的快樂

13 瞬間跌落谷底的感覺，這難道是憂鬱症嗎？

- 柯亞力（Alex Korb），《一次一點，反轉憂鬱》（張美惠譯），張老師文化，2017（原作出版於2015年）
- Miller, W. R., & Seligman, M. E. (1975). Depression and learned helplessness in man. *Journal of Abnormal Psychology*, 84(3) , 228–238.

- Suzuki W. (2018). The brain-changing benefits of exercise. Ted. https://www.youtube.com/watch?v=BHY0FxzoKZE

14 無法忍受不確定性，讓「過度擔憂」支配了生活

- Dugas, M. J., Freeston, M. H., & Ladouceur, R. (1997). Intolerance of uncertainty and problem orientation in worry. *Cognitive Therapy and Research*, 21, 593-606.
- Freeston, M., Rhéaume, J., Letarte, H., Dugas, M. J., & Ladouceur, R. (1994). Why do people worry? *Personality & Individual Differences*, 17, 791–802.
- 李察・韋斯曼（Richard Wiseman），《幸運人生的四大心理學法則》（奚修君譯），商業周刊，2019（原作出版於2003年）
- 帚木蓬生，《忍受未知的能力》（ネガティブ・ケイパビリティ 答えの出ない事態に耐える力，暫譯），朝日新聞出版，2017

15 需要安慰的時刻卻太過孤獨

- 蓋瑞・巧門（Gary Chapman），《愛之語（增訂版）：永久相愛的秘訣》（王雲良、蘇斐譯），中國主日學協會，2021（原作出版於2010年）
- Leman. K. (2009). Have a New Husband by Friday: How to Change His Attitude, Behavior & Communication in 5 Days. Revell
- Harlow, H. F. (1958). *The nature of love. American Psychologist*, 13(12), 673–685.
- Neff, K. D. (2003). Self-compassion: An alternative conceptualization of a healthy attitude

toward oneself. *Self and Identity*, 2 , 85-101.

- Breines, J. G. & Chen, S. (2012). Self-Compassion Increases Self-Improvement Motivation. *Personality and Social Psychology Bulletin*, 38(9), 1133-1143.
- Adams, C. E., & Leary, M. R. (2007). Promoting Self–Compassionate Attitudes Toward Eating Among Restrictive and Guilty Eaters. *Journal of Social and Clinical Psychology*, 26(10), 1120-1144.
- 金敬宜（김경의）、李錦丹（이금단）、趙容來（조용래）、蔡淑熙（채숙희）、李宇慶（이우경），2008，〈韓國版自我慈悲量表的適性研究〉，韓國心理學會雜誌：健康，13(4), 1023-1044.
- Morelli S. A., Lee, I. A., Arnn, M. E., & Zaki, J. (2015). Emotional and instrumental support provision interact to predict well-being. *Emotion*, 15(4), 484-493.

國家圖書館出版品預行編目資料

懂了以後更輕鬆的心理學：心理諮商專家精選最有感 15 個議題，克服拖延症、完美主義、自卑、過度擔憂的日常練習 / 金惠英（김혜영），李洙蘭（이수란）著；張召儀譯 . -- 初版 . -- 臺北市 : 日月文化出版股份有限公司，2022.11
376 面 ; 14.7*21 公分 . --（大好時光 ; 62）
譯自 : 모든 마음에는 이유가 있다
ISBN 978-626-7164-66-2（平裝）
1. 應用心理學　2. 自我實現
173.31　　111014808

大好時光 62

懂了以後更輕鬆的心理學

心理諮商專家精選最有感 15 個議題，克服拖延症、完美主義、自卑、過度擔憂的日常練習

모든 마음에는 이유가 있다

作　　者：金惠英（김혜영）、李洙蘭（이수란）
譯　　者：張召儀
主　　編：俞聖柔
校　　對：俞聖柔、張召儀
封面設計：之一設計／鄭婷之
美術設計：高慈婕
內文排版：Leah

發 行 人：洪祺祥
副總經理：洪偉傑
副總編輯：謝美玲
法律顧問：建大法律事務所
財務顧問：高威會計師事務所
出　　版：日月文化出版股份有限公司
製　　作：大好書屋
地　　址：台北市信義路三段 151 號 8 樓
電　　話：（02）2708-5509　傳　　真：（02）2708-6157
客服信箱：service@heliopolis.com.tw
網　　址：www.heliopolis.com.tw
郵撥帳號：19716071 日月文化出版股份有限公司

總 經 銷：聯合發行股份有限公司
電　　話：（02）2917-8022　傳　　真：（02）2915-7212
印　　刷：軒承彩色印刷製版股份有限公司
初　　版：2022 年 11 月
定　　價：420 元
I S B N：978-626-7164-66-2

生命，因閱讀而大好